# EN LAS ORILLAS DEL SAR

*clásicos Castalia*

COLECCIÓN FUNDADA POR
DON ANTONIO RODRÍGUEZ-MOÑINO

DIRECTOR
DON ALONSO ZAMORA VICENTE

Colaboradores de los volúmenes publicados:

ROSALÍA DE CASTRO

# EN LAS ORILLAS
# DEL SAR

*Edición,
introducción y notas
de*
MARINA MAYORAL

TERCERA EDICIÓN

clásicos castalia

Madrid

Copyright © Editorial Castalia, S. A., 1986
Zurbano, 39 - 28010 Madrid - Tel. 319 58 57

Cubierta de Víctor Sanz

Impreso en España - Printed in Spain
Unigraf, S. A. Móstoles (Madrid)

I.S.B.N.: 84-7039-279-4
Depósito Legal: M. 24.340-1990

# SUMARIO

*A Ramón Piñeiro,*
*en recuerdo de tantas largas conversaciones*
*y en testimonio de admiración, respeto y cariño.*

# INTRODUCCIÓN
## BIOGRÁFICA Y CRÍTICA

Nació Rosalía de Castro en Santiago de Compostela en febrero de 1837. En su partida de nacimiento figura como "hija de padres incógnitos", puntualizándose, sin embargo, que "va sin número por no haber pasado a la Inclusa".

Durante mucho tiempo la irregularidad de su nacimiento originó cierto desconcierto en la crítica, quizá porque se juzgaba impertinente o poco respetuoso con tan excelsa figura de las letras gallegas indagar en lo que parecían "trapos sucios" de la familia. Afortunadamente esos tiempos han pasado y hoy existen estudios rigurosos[1] que permiten conocer perfectamente los antecedentes familiares de Rosalía.

Su madre fue doña María Teresa de la Cruz de Castro y Abadía, de familia hidalga venida a menos. Rosalía se refiere en uno de sus poemas a su abuelo materno y a los tiempos de bienestar ya pasados:

> E tamén vexo enloitada
> da Arretén a casa nobre,
> donde a miña nai foi nada, (...)
> . . . . . . . . . . . . . . . . . . . . . . .
>
> *Casa grande* lle chamaban
> noutro tempo venturoso,
> cando os probes a improraban
> . . . . . . . . . . . . . . . . . . . . . . .

---

[1] El más minucioso y erudito es el de José Caamaño Bournacell, *Rosalía de Castro en el llanto de su estirpe*, Madrid, 1968.

> *Casa grande*, cando un santo
> venerable cabaleiro,
> con tranquilo, nobre encanto,
> baixo os priegues do seu manto
> cobexaba ó perdioseiro. [2]

Esta finca de "La Retén" o "Arretén" como la llama Rosalía dejó de pertenecer a los Castro poco después de la muerte del tío materno, don José María de Castro. [3]

Doña Teresa contaba treinta y tres años cuando nació Rosalía. Su padre, don José Martínez Viojo, contaba treinta y nueve y era sacerdote; no pudo, por tanto, reconocer, ni legitimar a su hija, aunque sí parece que se interesó por ella en un primer momento y encargó de su cuidado a sus hermanas.

En efecto, fueron las tías paternas de Rosalía, doña Teresa y doña María Josefa, quienes se hicieron cargo de la chiquilla en los primeros tiempos, llevándola a vivir con ellas, primero en Ortoño en la casa familiar llamada "Casa do Castro", y después en Padrón.

Un detalle que queda sin aclarar es la personalidad de la madrina de Rosalía, la mujer que la llevó a bautizar y que, según la partida de nacimiento, se llamaba Francisca Martínez y era "natural de San Juan del Campo". Según los datos de Caamaño Bournacell, no era hermana del padre (pese a la similitud del primer apellido, por otra parte muy corriente). ¿Podría ser alguien enviado por doña Teresa de Castro? No se sabe.

Tal como aparecen los hechos, parece que hubo al comienzo un cierto desinterés por parte de la madre en ocuparse de la niña; actitud disculpable y explicable por la presión social e incluso la vergüenza que debió de producir ese nacimiento "sacrílego" en la familia materna.

No sabemos tampoco en qué momento exacto doña Teresa se hizo cargo de su hija, pero sí se sabe que vivían

---

[2] Cito por la edición preparada por R. Carballo Calero, *Rosalía de Castro, Poesías*, Vigo. Patronato Rosalía de Castro, pp. 143-144.
[3] Véase para más detalles Caamaño Bournacell, *obra citada*, pp. 68 y ss.

las dos en Compostela en el invierno de 1853 y es muy probable que residieran allí desde el año anterior.[4]

No sabemos hasta qué punto estos acontecimientos de los primeros años de su vida y su nacimiento irregular influyeron en el carácter y en la obra de Rosalía. Modernamente, la crítica tiende a destacar la influencia de aquellos hechos. Rof Carballo[5] señaló la coincidencia de ciertos rasgos de su mundo poético con la ausencia de una "imago" paterna en la formación de su personalidad.

José Luis Varela[6] interpreta el símbolo de la negra sombra poniéndolo en estrecha relación con la "oscuridad" de sus orígenes.

Xesús Alonso Montero[7] destaca la presión social que sufrieron la niña y la madre y cómo ese ambiente condicionó la personalidad adulta de Rosalía.

En cuanto a mí,[8] no me cabe duda de que algunos caracteres de su visión del mundo —por ejemplo, la vinculación de amor, remordimiento y pecado— están íntimamente relacionados con su historia familiar.

Aunque la sociedad gallega tenga frente a los hijos naturales una actitud más abierta y comprensiva que otras sociedades, el hecho de ser "hija de cura" debió de inclinar la balanza negativamente del lado de las reticencias. No parece extraño que en una niña sensible e inteligente la falta de padre y su condición de fruto de amores prohibidos influyeran en su carácter y en su concepción de la vida.

Un capítulo interesante desde el punto de vista psicológico lo constituyen las relaciones de Rosalía con su madre. No sabemos si doña Teresa vio con frecuencia a su hija mientras ésta vivió con la familia paterna, quizá sí, y quizá también la recogió antes de ese año de 1852 que antes

---

[4] Bouza Brey, "La joven Rosalía en Compostela (1852-1856)", *Cuadernos de Estudios Gallegos*, fasc. XXXI, año 1955.

[5] J. Rof Carballo, "Rosalía, ánima galaica" en *Siete ensayos sobre Rosalía*, Vigo, ed. Galaxia, 1952.

[6] José Luis Varela, *Poesía y restauración cultural en Galicia en el siglo XIX*, Madrid, ed. Gredos, col. Biblioteca Románica Hispánica, 1958.

[7] Xesús Alonso Montero, *Rosalía de Castro*, Madrid, ed. Júcar, 1972.

[8] Marina Mayoral, *La poesía de Rosalía de Castro*, Madrid, ed. Gredos, col. Biblioteca Románica Hispánica, 1974.

citamos; de otro modo resulta sorprendente el profundo cariño que llegó a inspirar a su hija. En efecto, Rosalía se casa en el año 1858, interrumpiéndose así la convivencia continua de las dos mujeres. Doña Teresa muere repentinamente cuatro años más tarde, en 1862. Rosalía escribe entonces un tomito de poesías, *A mi madre*, donde da muestras de un gran dolor:

> ¡Ay, qué profunda tristeza!
> ¡Ay, qué terrible dolor!
> Ella ha muerto y yo estoy viva.
> Ella ha muerto y vivo yo. [9]

¿Pudo crearse un vínculo tan fuerte entre madre e hija en sólo seis años de convivencia, teniendo ya Rosalía quince? Cuesta creerlo. Aunque no tengamos testimonios, hay que suponer que doña Teresa se hizo cargo de la niña mucho antes de esa fecha de 1852.

Rosalía debió de sentir por su madre, además de cariño, compasión y agradecimiento. Como tantas protagonistas de sus poemas, su madre era la pobre mujer enamorada y engañada por el varón. Pero era también la mujer que, finalmente, se enfrentó a la sociedad para reconocer el fruto de su desliz. En *La hija del mar*, Rosalía, refiriéndose a una niña de la Inclusa, dice:

> Hija de un momento de perdición, su madre no tuvo siquiera para santificar su yerro aquel amor con que una madre desdichada hace respetar su desgracia ante todas las miradas, desde las más púdicas hasta las más hipócritas. [10]

A los ojos de Rosalía su madre, al haberse hecho cargo de ella, sí tuvo ese amor que "santificó" su yerro.

¿Qué clase de instrucción recibió Rosalía? Parece que fue escasa. No sabemos si cursó estudios, aunque los biógrafos se inclinan a pensar que no, excepto algo de

---

[9] *Obras Completas*, 5.ª edición, Madrid, Aguilar, 1960, p. 246.
[10] *Obras Completas*, edición citada, p. 674.

Dibujo y Música en las aulas de la "Sociedad Económica de Amigos del País".[11] Un índice de su escasa escolaridad son las abundantes faltas de ortografía de los autógrafos que conservamos de ella.

Un capítulo importantísimo en su vida son sus relaciones con Manuel Murguía con quien contrae matrimonio el 10 de octubre de 1858. Las opiniones de la crítica sobre la vida en común de la pareja son tan contradictorias que pueden sumir al lector en la perplejidad.

Xesús Alonso Montero afirma: "siempre he creído que la decisión de casarse con este hombre es un acto propio de quien, abrumado por las circunstancias, se ve en la necesidad de aceptar la menor oportunidad".[12]

Por el contrario, leemos en Bouza Brey: "Da man do seu home, pois, entróu Rosalía na groria, xa que foi o primeiro ademirador das suas escelsas coalidás poéticas, con sacrificio escomasí das propias, como ben señala o escritor don Xoán Naya; e nunca xamáis lle pagará Galicia a don Manuel Murguía o desvelo que puxo en dar a conocer as vibracións de aquel esquisito esprito. O nome de Murguía ten de figurar ó frente de toda obra de Rosalía polo amoroso coido que puxo no seu brilo frente á recatada actitude da súa esposa, apartada sempre dos cenáculos onde se forxan, con razón ou sin ela, as sonas literarias".[13]

Si en su vida íntima fueron felices o desgraciados, si hubo por parte de Murguía infidelidad, ya sólo lo sabrán ellos y algunos que no han querido decirlo. A nosotros nos toca únicamente exponer los hechos que conocemos y darles nuestra propia interpretación.

Un hecho que me parece altamente significativo y que ya comenté en otro lugar[14] es la destrucción de las cartas

[11] F. Bouza Brey, *artículo citado.*

[12] Xesús Alonso Montero, Prólogo a su edición de *En las orillas del Sar*, Salamanca, ed. Anaya, col. Biblioteca Anaya, 1964, p. 6.

[13] F. Bouza Brey, Prólogo a la edición de *Cantares Gallegos*, Vigo, ed. Galaxia, 1970, p. 12.

[14] Marina Mayoral, "Sobre el amor en Rosalía y sobre la destrucción de ciertas cartas", *Cuadernos Hispanoamericanos*, núm. 233, mayo 1969.

de Rosalía que realizó su esposo, al final de su vida. El propio Murguía nos cuenta este episodio:

"Como ya se acercan los días de la muerte, he empezado por leer y romper las cartas de aquella que tanto amé en este mundo. Fui leyéndolas y renovándose en mi corazón alegrías, tristezas, esperanzas, desengaños, pero tan llenas de uno que en realidad al hacerlas pedazos, como cosas inútiles y que a nadie importan, sentí renovarse las alegrías y dolores de otros tiempos.

"Verdaderamente la vejez es un misterio, una cosa sin nombre, cuando he podido leer aquellas cartas que me hablaban de mis días pasados, sin que ni mi corazón ni mis ojos sangraran. ¿Para qué?, parece que me decían. Si hemos de vernos pronto, ya hablaremos en el más allá."

Si es cierto que, gracias a su esposo, Rosalía se lanzó a la vida literaria y eso le hemos de agradecer, también lo es que nos privó, con la destrucción de las cartas, de un elemento importante para conocer su carácter y su obra. ¿Cuántos misterios de su poesía, cuántas alusiones que nos desconciertan por ignorar su verdadero significado, no se hubieran aclarado conociendo sus cartas? Murguía era consciente de la importancia de ellas, aunque insista repetidamente en que sólo interesan a ellos dos:

"Pero si las leí sin que mi alma se anonadase en su pena, no fue sin que el corazón que había escrito las líneas que acababa de leer, se me presentase tal como fue, tal cual nadie es capaz de presumir." [15]

Es, pues, la imagen de Rosalía "tal como fue, tal cual nadie es capaz de presumir" lo que Murguía destruyó para la posteridad. Cabe preguntarse por qué. Quizá porque la imagen de su vida matrimonial no era tan perfecta o ejemplar como él hubiera, a posteriori, deseado.

En las escasas cartas o fragmentos conservados, encontramos reproches unidos a confesiones de cariño, exigencias y disculpas por esas exigencias, que pueden parecer excesivas. Veamos algún ejemplo:

[15] Juan Naya Pérez, *Inéditos de Rosalía*, Santiago de Compostela, 1953, pp. 18-19.

Mi querido Manolo: No debía escribirte hoy, pues tú me dices lo haga yo todos los días, escaseas las tuyas cuanto puedes, pues casualmente los dos días peores que he tenido, hasta me aconteció la fatalidad de no recibir carta tuya. Ya me vas acostumbrando, y como todo depende de la costumbre, ya no hace tanto efecto; sin embargo, estos días en que me encuentro enferma, como estoy más susceptible, lo siento más. Te perdono, sin embargo, aunque sé que no tendrías otro motivo para no escribirme que el de algún paseíto con Indalecio, u otra cosa parecida.[16]

Veamos otro fragmento:

Estando lejos de ti vuelvo a recobrar fácilmente la aspereza de mi carácter que tú templas admirablemente, y eso que, a veces, me haces rabiar, como sucede cuando te da por estar fuera de casa desde que amanece hasta que te vas a la cama, lo mismo que si en tu casa te mortificasen con cilicios.[17]

La impresión que sacamos de los escasos restos conservados es que Rosalía encontró en Murguía uno de los pocos apoyos de que disfrutó en su vida, que le consideraba como "la persona a quien más se quiere en el mundo", que muchas veces no se sentía correspondida en la misma medida, y que, entonces, o rabiaba o hacía "reflexiones harto filosóficas respecto a la realidad de los maridos y la inestabilidad de los sentimientos humanos".

Un punto de la biografía de Rosalía en el que hubo bastante confusión se refiere al número de sus hijos e, incluso, a su sexo. Tras los trabajos de Caamaño Bournacell —ya citado— y de Bouza Brey,[18] la cuestión ha quedado aclarada. Tuvo los hijos siguientes:

— Alejandra, nacida en mayo de 1859 en Santiago de Compostela, casi a los siete meses exactos del matrimonio de sus padres. Murió en 1937.

[16] Rosalía de Castro, *Obras Completas*, ed. citada, pp. 1556-57.
[17] *Ibidem*, p. 1558.
[18] F. Bouza Brey, "Adriano y Valentina, motivaciones inspiradoras de Rosalía de Castro", *Cuadernos de Estudios Gallegos*, fasc. LIII, año 1962.

— Aura, nacida en diciembre de 1868 (obsérvese el largo intervalo sin descendencia). Murió en 1942.

— Gala y Ovidio, gemelos, nacidos en julio de 1871. La primera murió en 1964; Ovidio, en 1900.

— Amara, nacida en julio de 1873. Murió en 1921.

— Adriano Honorato Alejandro, nacido en marzo de 1875, murió en noviembre de 1876 a consecuencia de una caída.

— Valentina, nacida muerta en febrero de 1877.

Murió Rosalía el 15 de julio de 1885. Recordemos sus últimos momentos a través del relato de González Besada:

"...recibió con fervor los Santos Sacramentos, recitando en voz baja sus predilectas oraciones. Encargó a sus hijos quemasen los trabajos literarios que, reunidos y ordenados por ella misma, dejaba sin publicar, dispuso se la enterrara en el cementerio de Adina, y pidiendo un ramo de pensamientos, la flor de su predilección, no bien se lo acercó a los labios sufrió un ahogo que fue el comienzo de su agonía. Delirante, y nublada la vista, dijo a su hija Alejandra: 'Abre esa ventana, que quiero ver el mar', y cerrando sus ojos para siempre, expiró"...[19]

Desde Padrón, en donde murió Rosalía, no puede verse el mar. Impresionan esas últimas palabras de una persona para quien el mar fue una perenne tentación de suicidio. Recordemos algunos versos:

> Co seu xordo e costante mormorío
> atráime o oleaxen dese mar bravío,
> cal atrái das serenas o cantar.
> "Neste meu leito misterioso e frío
> —dime, ven brandamente a descansar".
>
> El namorado está de min... ¡o deño!
> i eu namorada del.
> Pois saldremos co empeño,
> que si el me chama sin parar, eu teño
> unhas ansias mortáis de apousar nel.[20]

[19] Augusto González Besada, *Rosalía de Castro. Notas Biográficas*, Madrid, Biblioteca Hispánica, 1916, p. 73.
[20] *Rosalía de Castro, Poesías*, ed. citada, p. 172.

Rosalía penetraba, por fin, en ese mar-muerte donde tanto había anhelado reposar.

## CARÁCTER

Se conservan bastantes anécdotas sobre la manera de ser de Rosalía. Una de las más bonitas la cuenta González Besada:[21] el día del entierro, una mendiga, al ver salir el féretro de la casa, decía llorando: "Eu nunca vinen a vela que me non acompañase hastra a porta" ('nunca vine a verla que no me acompañase hasta la puerta').

Los testimonios de su generosidad son numerosos. Juan Naya[22] cuenta que Rosalía se desprendió de una cantidad de dinero, quedándose ella prácticamente sin nada, y ante las observaciones más prudentes de su hija mayor, contestó sólo: "da eso que se nos pide, que Dios proveerá".

A partir de anécdotas como las anteriores se forjó en torno a Rosalía una leyenda que pronto alcanzó categoría de mito: se convirtió en la representación del alma galaica, en la defensora de los oprimidos, de los labriegos, de los aldeanos. Una defensora dulce y apacible, siempre llorosa, siempre triste por los dolores de los hijos de Galicia.

De igual modo que se embellecían en el recuerdo sus rasgos físicos —Rosalía no fue guapa—, se embellecían sus rasgos temperamentales: ninguna arista, ninguna violencia; sólo dulzura y suave tristeza. Nada más lejos de la realidad. Rosalía tenía un carácter fuerte y su bondad y generosidad no impedían que reaccionara con violencia cuando se sentía atacada o lo eran aquellos a quienes ella estimaba. Basta leer sus versos. Poemas como "Castellanos de Castilla" o "A xusticia pola man" demuestran la reciedumbre de su carácter. Por si ello fuera poco, el testimonio del propio Murguía viene a confirmarlo. Así, en el Prólogo a la segunda edición de *En las Orillas del Sar* afirma:

"Si hubo alguien que en los momentos de desgracia

21 *Obra citada*, p. 105.
22 *Obra citada*, p. 49.

se irguiese altivo como héroe que antes de caer vencido intenta levantarse y luchar todavía, fue ella. En su sangre circulaba, en sus carnes palpitaba algo de indómito y superior que venía de su raza (...). Quien hablase a Rosalía, vería que era la mujer más benévola y sencilla, porque en su trato todo era bondad, piedad, casi, para los defectos ajenos. Mas cuando la herían, ya como enemiga, ya como acosada por el infortunio, era tal su dignidad, que pronto hacía sentir al que había inferido la herida todo el peso de su enojo."[23]

En las pocas cartas que conservamos, dirigidas a su marido, hay muestras de impaciencia, de irritación, aspereza, deseos de molestar. Bien es verdad que, muchas veces, seguidas de peticiones de perdón y de reconocimiento de las propias faltas. Veamos algunas muestras:

> Sigo tomando la leche de burra, pues el buen médico no me dijo ni oste ni moste, ni me dio más remedio; hoy compraré otra botella de cerveza, y le regalaré a esos ladrones con título 28 cuartos. Gallinas no quiero comprar más; lo mismo me he de morir de un modo que de otro (...). Tu tía Teresa está ahí, pues al pasar por allí la niña la vio, pues la llamó ella y le dijo que me diese un recadito, y que no venía ella por aquí, porque estaba sola la tía Pepa. Ya no salgo, pero aunque así no fuera no iría a verla.[24]

Conmueve la imagen de Rosalía que nos dan estas cartas: una mujer enferma, con poco dinero, alejada de su marido, irritándose con la ignorancia de los médicos y los tiquismiquis de la familia política. ¡Cuánto más humana, más cercana a nosotros que la imagen del mito!

Veamos algún fragmento más:

> Cuando reflexiono en la miseria que puedo sacar de todo me dan ganas de hacer trizas cuentos, novelas y aun mi loca cabeza, que tiene la manía de entretenerse en tales cosas.
> Estoy observando que hablo en un tono feroz, como si me

---

[23] En esta edición, p. 57.
[24] *Obras Completas*, ed. citada, pp. 1557-58.

dirigiese a una cosa mala. Pobrecito mío, ¿qué dirás de mi mal
humor? Sí; estoy de un humor sombrío, y puede que lo estu-
viese del mismo modo aun cuando no tuviese motivos para
ello. [25]

Rosalía insiste, en las cartas a su marido, en su "mal
humor", que atribuye a su temperamento, a su "bilis"
tanto como a las penosas circunstancias que le tocó vivir:

> Tú ya sabes que cuando estoy enferma me pongo de un humor
> del diablo, todo lo veo negro, y añadiendo a esto que no te
> veo, y nuestras circunstancias malditas cien veces, con una
> bilis como la mía, no hay remedio sino redactar una carta como
> ésta, precisamente cuando va dirigida a la persona que más
> se quiere en el mundo. [26]

Por otra parte, en sus versos, Rosalía nos dejó constancia
de sentimientos que no encajan en la imagen idílica de la
"mater galaica": odio, resentimiento, rencor...

El resentimiento hacia Castilla es un elemento importante
en su poesía que no se debe sólo a motivos "sociales",
sino a un sentimiento general de amargura que se vierte
muchas veces sobre su propia tierra. En efecto, la incomprensión de Rosalía hacia la belleza del paisaje castellano
obedece, en parte, a motivos estéticos —para ella lo bello
ha de ser verde y húmedo— y, en parte, a motivos de reivindicación social: aquélla es la tierra a donde van a ganar
duramente el pan los campesinos gallegos. Pero junto a
esto, sobre todo al final de su vida, es frecuente que aparez-
can mezclados sentimientos contradictorios de amor y odio.
Así, ante el paisaje de las orillas del Sar afirma:

> dudo si el rencor adusto
> vive unido al amor en mi pecho. [27]

Y exclama ante las tierras gallegas, tantas veces anheladas
en el pasado:

[25] *Ibidem*, p. 1558.
[26] *Ibidem*, p. 1557.
[27] En esta edición, p. 68.

> Ódiote, campo fresco
> cos teus verdes valados,
> cos teus altos loureiros
> i os teus camiños brancos.[28]

Este sentimiento procede muchas veces de su desolada visión de la existencia, de su amargura. Pero, otras veces, el resentimiento y el odio deben de proceder de orígenes más concretos, de antiguas heridas mal cicatrizadas; quizá del tiempo en que la niña Rosalía advertía a su paso miradas de malicia, dedos que la señalaban, oía palabras cuyo sentido no entendía plenamente, pero que la hacían sentirse distinta y apartada. Viejas ofensas perdonadas, quizá, pero no olvidadas, que engendran sentimientos que repugnaban a la nobleza innata de Rosalía; un viejo odio que surge, a pesar de ella, y que le hace exclamar:

> ¡Odio, fillo do inferno!
> pode acabalo amor; mas ti n'acabas,
> mamoria que recordalas ofensas.
>     Sí, sí, ¡de ti mal haia!

La imagen real de Rosalía es quizá menos perfecta, menos modélica que la del mito, pero es mucho más humana, cercana, entrañable.

## OBRAS

Rosalía comienza su carrera literaria en 1857 con un librito de poesías en castellano, titulado *La Flor*. El libro mereció un elogioso artículo en *La Iberia* de Manuel Murguía, que ya entonces era persona conocida en las letras madrileñas. Si es cierto, como aseguró Murguía repetidamente, que no conocía en ese momento a la autora, debemos admirar sus dotes de penetración, pues fue capaz de ver el talento bajo la hojarasca retórica. A la crítica posterior le han parecido tan desproporcionados los elogios

---

[28] *Obras Completas*, p. 274.

respecto al valor real del libro, que ha sospechado que Murguía conocía ya a la que poco después iba a ser su mujer. Sin embargo, un crítico serio como Carballo Calero cree absurdo poner en duda la veracidad de Murguía, que en tres ocasiones, a lo largo de su vida, insistió en que no conocía a Rosalía en 1857.[29]

El libro en cuestión es una pequeña colección de poemas de tono y estilo romántico. Muy poco hay en ellos de lo que será la gran poesía de Rosalía, y se advierte sobre todo la influencia de Espronceda.

El mismo año en que se casó, en 1859, publicó Rosalía una novela, *La hija del mar*, interesantísima no por su valor literario, sino por los elementos de carácter autobiográfico que pueden rastrearse en ella. Novela de signo romántico, folletinesco, en absoluto realista, deja al descubierto la visión del amor en la joven Rosalía. En esta obra, de complicadísimo argumento, encontramos repetido tres veces el esquema del complejo de Electra: conflicto amoroso entre dos mujeres, madre e hija, y preferencia del hombre por la más joven.[30]

Los problemas psicológicos de Rosalía afloran continuamente y en forma poco evolucionada en *La hija del mar*. Esto es natural, pues la novela tuvo que ser escrita antes de 1859, es decir, en la primera juventud de la autora.

Dos años más tarde, en 1861, publica una nueva novela, *Flavio*, que es, fundamentalmente, un estudio de dos caracteres románticos, Mara y Flavio. Toda la obra la constituyen las vicisitudes amorosas de los dos personajes. Hay en ella algo de las dificultades de la comunicación humana, pero mucho más de los vaivenes sentimentales de la literatura romántica. Flavio es un ser semisalvaje que pasa sin transición de la adoración al odio, de la alegría extasiada a la desesperación más total, de la más crédula ingenuidad al escepticismo más desconfiado. En cuanto

[29] R. Carballo Calero, *Historia da Literatura Galega*, Vigo, ed. Galaxia, 1963, p. 146.
[30] Véase para más detalles mi libro *La poesía de Rosalía de Castro*, ed. citada, pp. 110-132.

a Mara, no se sabe muy bien cuál es el móvil de sus actos contradictorios.

En 1863 publica dos libros de poesía. Uno es *A mi madre*, breve colección de poemas castellanos cuyo tema es la muerte de su madre. Son versos impregnados de dolor en los que se inician algunos de los temas característicos de Rosalía y también algunos de sus rasgos estilísticos, como la reiteración y el paralelismo.

El segundo libro, *Cantares Gallegos*, constituye su primera gran obra.

Casi en contra de su voluntad, si hemos de dar crédito al testimonio de su esposo, se convirtió Rosalía en el líder de la literatura gallega. Murguía cuenta en *Los Precursores* que, sin saberlo su mujer y sin su consentimiento, fue recogiendo los poemas que ella escribía y dándolos a la imprenta. Más tarde, y en consideración a los gastos ya hechos, accedió Rosalía a la publicación. Muchas grandes empresas empiezan de forma casi accidental y el renacimiento de la cultura gallega parece haber tenido ese carácter.

¿Hasta qué punto fue Rosalía consciente de estar iniciando una etapa histórica en la evolución cultural de su país? Una lectura detenida de los prólogos a sus dos obras gallegas nos hacen ver que Rosalía se daba cuenta de la transcendencia de su gesto: [31]

> N'era cousa de chamar as xentes á guerra e desertar da bandeira que eu mesma había levantado.

En el mismo prólogo a *Follas Novas* encontramos una declaración del compromiso del poeta con su país y con su época:

> ...que si non pode senón ca morte despirse o esprito das envolturas da carne, menos pode o poeta prescindir do medio en que vive e da naturaleza que o rodea, ser alleo a seu tempo

---

[31] Un amplio análisis del prólogo de *Cantares Gallegos* y de la importancia histórica de Rosalía puede verse en el libro de Xesús Alonso Montero *Rosalía de Castro*, Madrid, ed. Júcar, 1972.

e deixar de reproducir, hastra sin pensalo, a eterna e laiada
queixa que hoxe eisalan tódolos labios. [32]

Volviendo a *Cantares Gallegos*, diremos que la intención
del poeta puede calificarse también de "social": se trataba
de dar a conocer su país, de deshacer errores, de hacer
patentes las injusticias que se cometían contra Galicia.
Rosalía hizo, en *Cantares Gallegos*, un esfuerzo por salir
de sí misma, de su pesimismo, de su visión del mundo
—desconsolada desde sus primeros poemas juveniles—
para reflejar una realidad exterior que quería mostrar
bella y atractiva.

Hay en *Cantares Gallegos* notas que no volverán a
repetirse: alegría, optimismo, picardía, desenfado... mocitas
que, aunque al cura le parezca pecado, quieren disfrutar
del amor, ya sea como solteras o como casadas, que buscan
un hombre "para un remedio"; reuniones en el molino,
romerías, fiestas... También, emigrantes y campesinos.
No faltan alusiones a injusticias sociales. En un poema de
tono tan sentimental como "Adiós, ríos; adiós, fontes"
aparecen estas palabras:

> Mais son probe e, ¡mal pecado!,
> a miña terra n'é miña,
> que hastra lle dan de prestado
> a beira por que camiña
> ó que nacéu desdichado. [33]

De este poema fue suprimida una estrofa que había
aparecido en la primera edición en periódico. [34] Decía así:

> Por xiadas, por calores,
> desde qu'amañece o día
> dou á terra os meus sudores,
> mais canto esa terra cría,
> todo... todo é dos señores.

[32] *Rosalía de Castro. Poesías*, ed. citada, pp. 161-63.
[33] *Ibidem*, p. 70.
[34] Véase Alberto Machado da Rosa, "Subsidios para la cronología de
la obra poética rosaliana" en *Cuadernos de Estudios Gallegos*, fasc. XXXVI,
año 1957.

Pero a pesar de estas ráfagas de poesía social, y de algún poema melancólico, en el libro predomina una visión alegre y optimista de la vida que no volverá a repetirse.

Entre los libros de *Cantares Gallegos* y *Follas Novas*, Rosalía publicó unas cuantas obras en prosa de menor importancia.

*El Cadiceño*, publicado en el *Almanaque de Galicia* en 1866, es un gracioso cuadro de costumbres, satírico y caricaturesco. Aparece en él retratada la figura del gallego que sale del país y a su vuelta finge que se le ha olvidado su lengua y emplea una curiosa jerga, mezcla de gallego y andaluz, verdaderamente risible. Rosalía demuestra un gran talento lingüístico para reproducir, exagerándola, la forma de hablar de los que vuelven de "Cais" ('Cádiz').

Anterior a este cuadro de costumbres fue otro titulado *El Codio*, que no llegó a publicarse porque, enterados los seminaristas de que eran objeto de sátira en dicho artículo, destrozaron el local del periódico donde iba a imprimirse. La noticia de este suceso, ocurrido en Lugo en 1864, fue publicada en *El Contemporáneo*. En la "contienda" debió de ser destruido el trabajo de Rosalía que ya no volvió a aparecer.[35]

En 1866 publicó la novela *Ruinas*, con el subtítulo "Desdichas de tres vidas ejemplares". Se trata de las peripecias de tres "ruinas vivientes": doña Isabel, noble dama solitaria, y su gato Florindo; don Braulio, un comerciante arruinado por su prodigalidad; y Montenegro, un joven noble, soñador, a quien sus parientes habían usurpado la herencia que legítimamente le correspondía. Rosalía asegura que se trata de personas que realmente han existido y, en efecto, la obra se incluye más en el cuadro de costumbres, de tendencia realista, que en la creación novelesca.

En 1867 publica Rosalía su novela más larga y más ambiciosa, *El Caballero de las botas azules*, la mejor, para algunos críticos. Carballo Calero no le regatea alabanzas, comparando a la autora con Hoffmann y von Chamisso: "E un libro estraordinariamente intelixente, cheo de esprito

---

[35] J. Naya Pérez, *obra citada*, p. 42.

e de enxeño. Pertenece de cheo á literatura humoristica, i é, ao mesmo tempo, romántico e antirromántico. O seu romantismo é xermánico (...). Realismo e idealismo mestúranse n'iste libro, obra de unha intelixencia moi madura e testemuño de un esprito moi orixinal".[36]

A mí, *El Caballero de las botas azules* me parece la obra más pesada y aburrida de cuantas salieron de manos de la autora. La novela va precedida de un prólogo titulado "Un hombre y una musa", con un subtítulo igual al de la novela, "cuento extraño", que reproduce un diálogo entre un escritor y su musa. Prólogo y novela adolecen del mismo defecto: larguísimos diálogos en los que el pensamiento de la autora va y viene, divaga, se pierde en digresiones interminables para concluir siempre en lugares comunes, en afirmaciones generales sobre la vanidad del escritor, la estupidez del público, la hipocresía de las relaciones humanas, la brutalidad de la masa, etc. La vaguedad comienza y culmina en la propia figura del protagonista, el caballero de las botas azules, que no se sabe si es duende, ángel, demonio o ser mortal. Este personaje es el hilo que une diferentes cuadros satíricos de la sociedad de la época. Rosalía da rienda suelta en esta obra a un espíritu satírico y moralizante que asoma también en sus poesías, pero la mezcla del elemento onírico, irreal, con la sátira social no resulta muy afortunada. Además, lo que en sus poemas está concentrado y reducido por la medida del verso, se diluye y extiende en la novela a través de diálogos que resultan, para el lector medio actual, pesados y aburridos. Aparte de esto, la novela resulta muy interesante para conocer la personalidad y la postura de Rosalía ante muchas realidades de su época.

En 1880 publica *Follas Novas*. Al hablar de *Cantares Gallegos* hemos citado las palabras del prólogo que acreditan la conciencia de compromiso social de Rosalía. El libro, dividido en cinco partes, consta, en realidad, de dos grandes apartados: poemas subjetivos que expresan

[36] R. Carballo Calero, "Arredor de Rosalía" en *Siete ensayos sobre Rosalía*, Vigo, ed. Galaxia, 1952.

su visión del mundo y poemas de carácter social que giran en torno al problema de la emigración.

La mayoría de los poemas fueron escritos diez años antes de su publicación, en 1870, cuando el matrimonio residía en Simancas:

> Escritos no deserto de Castilla, pensados e sentidos nas soidades da natureza e do meu corazón, fillos cativos das horas de enfermedade e de ausencias, refrexan, quisáis con demasiada sinceridade, o estado do meu esprito unhas veces; outras, a miña natural disposición (que n'en balde son muller) a sentir como propias as penas alleas.[37]

Sorprende en este libro la desolada visión de la existencia humana en una persona que está, teóricamente, en la plenitud de su vida. Sin amor, sin esperanza, sin nostalgia, el universo de Rosalía parece cerrarse sobre sí mismo en una soledad sin paliativos:

> Algúns din: ¡miña terra!
> Din outros: ¡meu cariño!
> I éste: ¡miñas lembranzas!
> I aquél: ¡os meus amigos!
> Todos sospiran, todos,
> por algún ben perdido.
> Eu só non digo nada,
> eu só nunca sospiro,
> que o meu corpo de terra
> i o meu cansado esprito,
> a donde quer que eu vaia,
>               van comigo.[38]

Rosalía ha dejado atrás aquella etapa de su vida en la que la lejanía de la tierra se vivía como un dolor de signo positivo. Era un dolor que encerraba la esperanza del regreso. Ahora sabe que tampoco la tierra le brindará consuelo; "extranjera" en su misma patria, se sentirá definitivamente desligada de los lazos que a ella la unían:

---

[37] **Prólogo a** *Follas Novas*, en *Poesías*, ed. citada, p. 159.
[38] *Ibidem*, p. 167.

> ...mentras cerraba a noite silenciosa
> os seus loitos tristísimos
> en torno da estranxeira na súa patria,
> que, sin lar nin arrimo,
> sentada na baranda contempraba
> cál brilaban os lumes fuxitivos. [39]

Rosalía ha llegado a una etapa de su vida en la que se cumple lo que en su juventud era sólo presagio. "Padecer y morir: tal era el lema que en torno mío murmurar sentí" [40] decía la jovencísima autora de *La Flor*. En *Follas Novas*, existir es padecer y, al fondo, como única esperanza, la muerte.

Rosalía llegó a formular con claridad una distinción entre el dolor de la existencia, el dolor de ser hombre y las penas accidentales de la vida; las penas vienen y van, el dolor permanece. Una y otra vez insiste en la inseparabilidad de vida y dolor, en su identidad:

> Teño un mal que non ten cura,
> un mal que nacéu comigo,
> i ese mal tan enemigo
> levaráme á sepultura.
> . . . . . . . . . . . . . . . .
> O meu mal i o meu sofrir
> é o meu propio corazón.
> ¡Quitáimo sin compasión!
> Despóis ¡facéme vivir! [41]

Un aspecto fundamental en *Follas Novas* son los poemas de carácter social. La atención de Rosalía se centra particularmente en lo que ella llama las "viudas de los vivos y las viudas de los muertos", las mujeres de los emigrantes que, generalmente, se quedaban en Galicia ocupándose a un tiempo de las faenas del campo, del trabajo del hogar y del cuidado de los hijos y los ancianos de la familia. Para

[39] *Ibidem*, p. 195.
[40] *Obras Completas*, ed. citada, p. 221.
[41] *Poesías*, pp. 245-46.

ellas, verdaderas heroínas silenciosas, Rosalía tiene las palabras más entrañables. Destaca su fortaleza de espíritu, su capacidad para realizar las labores más duras del campo sin perder por ello su ternura y su delicadeza. Resalta su vida de soledad sin amor y sin consuelo:

> Tecín soia a miña tea,
> sembréi soia o meu nabal,
> soia vou por leña ó monte,
> soia a vexo arder no lar. [42]

A través de los versos de Rosalía aparecen reflejadas distintas facetas del fenómeno de la emigración: aquellos hombres que se resisten a abandonar la tierra y malviven, esperando siempre una primavera abundante que remedie sus necesidades; el emigrante animoso que parte con la ilusión de descubrir nuevos horizontes; el que marcha triste y caviloso; el que ya no quiere volver y es esperado inútilmente... Algunas veces, la voz de Rosalía adquiere una, sequedad especial, una concisión dramática. Así, cuando refleja la amargura de la mujer abandonada:

> Non coidaréi xa os rosales
> que teño seus, nin os pombos;
> que sequen, como eu me seco,
> que morran, como eu me morro. [43]

En 1881, un escándalo literario sacudió la vida retirada de Rosalía y provocó su indignación.

En unos artículos sobre costumbres gallegas publicados en *Los Lunes del Imparcial* —y no recogidos en las *Obras Completas*— escribió Rosalía los párrafos siguientes, origen del escándalo:

Entre algunas gentes tiénese allí por obra caritativa y meritoria el que, si algún marino que permaneció por largo tiempo sin tocar a tierra, llega a desembarcar en un paraje donde toda

[42] *Ibidem*, p. 287.
[43] *Ibidem*, p. 289.

mujer es honrada, la esposa, hija o hermana pertenecientes a la familia, en cuya casa el forastero haya de encontrar albergue, le permita por espacio de una noche ocupar un lugar en su mismo lecho. El marino puede alejarse después sin creerse en nada ligado a la que, cumpliendo a su manera un acto humanitario, se sacrificó hasta tal extremo por llevar a cabo los deberes de la hospitalidad.

La buena intención de Rosalía al narrar estos hechos está fuera de duda, como lo demuestran los párrafos finales del artículo:

> Tan extraña como a nosotros debe parecerles a nuestros lectores semejante costumbre, pero por eso mismo no hemos vacilado en darla a conocer, considerando que la buena intención que entraña, así ha de salvar en el concepto ajeno a los que llegan en su generosidad con el forastero a extremos tales, como a nosotros el sentimiento que ha guiado nuestra pluma al escribir este artículo.

El relato escandalizó a algunos lectores gallegos que atacaron a Rosalía desde las páginas de diversos periódicos, acusándola de dar a conocer hechos que nunca habían sucedido y que perjudicaban a Galicia. La autora reaccionó con indignación y en carta a su marido hace patente su resolución de "no volver a coger la pluma para nada que pertenezca a este país, ni menos escribir en gallego" y concluye con amarga ironía: "No quiero volver a escandalizar a mis paisanos".[44]

Este episodio venía a unirse a aquel antiguo protagonizado por los seminaristas de Lugo.

Rosalía, en efecto, no volvió a escribir más libros en gallego, pero algunos poemas salvados de la quema de los inéditos atestiguan que no abandonó por completo su lengua materna. La muerte vino así a dar una transcendencia enorme a unas palabras que, sin duda, el tiempo hubiera paliado.

En 1881 publicó su última novela: *El primer loco*, quizá

[44] *Obras Completas*, ed. citada, p. 1562.

la más lograda de todas las suyas. El tema era grato a
Rosalía, que lo trató varias veces en verso: las fantasías
de la pasión amorosa, la transformación que sufre la
realidad en la mente del que ama, el misterio del amor.
Luis, el protagonista, experimenta hacia Berenice una
pasión no correspondida que le lleva a la locura. A su vez,
él es amado en vano por Esmeralda, que muere de amor.
Rosalía desarrolla ampliamente en la novela ideas y temas
que le son caros: el que ama es incapaz de ver la realidad
y embellece al objeto amado con todos los atributos de su
imagen ideal del "otro"; la indiferencia e incluso el desprecio alimentan el amor; el amante es como un ciego que
no puede ver, aunque la sufra, la maldad del ser amado...

El mayor encanto de la novela quizá sea el ambiente de
locura, de exaltación y de misterio en que se desarrolla
y que logra su momento culminante en la aparición, verdaderamente impresionante, de Esmeralda, muerta. Rosalía,
que se mueve a gusto en los mundos de ultratumba, alcanza
en este relato uno de sus mejores momentos.

## "EN LAS ORILLAS DEL SAR"

Un año antes de su muerte, en 1884, publica Rosalía
su último libro de poemas, escrito en castellano: *En las
orillas del Sar*.

El primer problema con que nos encontramos es el de
la cronología. ¿En qué momento fueron escritos estos
poemas?

Unas palabras de González Besada en su discurso de
ingreso en la Real Academia Española sembraron el desconcierto en la crítica posterior. Según este autor, "las
poesías castellanas de Rosalía, coleccionadas por la autora
años después en el tomo *En las orillas del Sar*, habían
visto la luz pública en 1866, en el periódico *El Progreso*
de Pontevedra".[45]

---

[45] Augusto González Besada, *Rosalía de Castro. Notas Biográficas*,
Madrid, Biblioteca Hispania, 1916, p. 103.

Las pesquisas para encontrar el periódico, y con él las poesías castellanas de Rosalía, han resultado hasta el momento infructuosas.

Machado da Rosa considera como fecha fundamental para la poesía de Rosalía la de 1867, en que publica *El Caballero de las botas azules*, cuyo prólogo, según este crítico, es un "verdadero manifiesto poético de la madurez rosaliana". A partir de ese momento comienza una "nueva lírica" cuya manifestación en castellano es *En las orillas del Sar*. [46]

Al no estar fechados los poemas de este libro y no poder comprobar la afirmación de González Besada, tenemos que atenernos a nuestra intuición para juzgar de la antigüedad o modernidad de esta poesía.

Hay que decir que ni en temática ni en tono se advierte diferencia respecto a *Follas Novas* y que tenemos el testimonio de Murguía de que éste se escribió en los años 1870-71. Es muy probable, pues, que por los mismos años fueran redactados los poemas castellanos que formarían *En las orillas del Sar*.

Comparado con el anterior, el último libro de Rosalía es mucho más breve y más subjetivo. Una quinta parte de *Follas Novas* estaba dedicada a la poesía social, al tema de la emigración, además de un buen número de poemas desperdigados por los otros apartados. En el libro castellano, la mirada de la autora se vuelve casi exclusivamente hacia dentro, hacia su propio espíritu. El mundo exterior desaparece o es sólo un término de referencia o de comparación para el propio yo. La naturaleza, el mundo de los otros, le servirá para constatar su soledad, su propia decadencia: sólo recuerdos, nostalgia o dolor. La visión del mundo es de una extrema desolación, más llamativa aún que en *Follas Novas*, ya que allí el propio dolor quedaba a veces olvidado por el dolor de los otros, por la indignación ante la injusticia. *En las orillas del Sar* es un viaje en torno a sí misma, a su espíritu atormentado y sin esperanza.

El primer poema del libro resulta programático: de

---

[46] A. Machado da Rosa, *artículo citado*, p. 96.

vuelta a las tierras que tanto ha amado, Rosalía quiere
salir de sí misma y sumergirse materialmente en aquel
escenario tan querido, pero constata con dolor que aquellos
paisajes suscitan en ella, a un tiempo, odio y amor, alegría
y tristeza. Ha pasado ya el "tiempo dichoso", ha caído
de sus ojos la "venda celeste de la fe" y sólo quedan desengaños, duda y dolor. En vano intenta restablecer el contacto
con los lugares de su juventud; su espíritu agotado sólo
puede refugiarse en sí mismo para no sentir aumentada su
amargura.

## Los Tristes

En el último libro encontramos plenamente confirmados
aspectos que se habían iniciado en etapas anteriores. Así
sucede con el tema de "los tristes". En Rosalía existe desde
muy pronto la creencia de que hay seres *predestinados al
dolor*, seres para quienes no existe el normal reparto de
penas y alegrías en la vida, sino que nacen condenados
a un perenne dolor, a una continuada persecución por la
desgracia. Esta figura de "el triste" se da ya en *La Flor*
y más tarde en *Cantares Gallegos*, pero es apenas un esbozo.
En *Follas Novas* aparece con sus rasgos más característicos:
destino adverso e irremediable que le priva de las alegrías
más comunes a los mortales. Pero será en su último libro
donde alcance la formulación definitiva:

> ¡Ya en vano!, sin tregua siguióle la noche,
> la sed que atormenta y el hambre que mata;
> ¡ya en vano!, que ni árbol, ni cielo, ni río,
> le dieron su fruto, su luz, ni sus aguas.[47]

## La religiosidad

El tema de la predestinación al dolor nos lleva de la
mano al tema de la religiosidad en Rosalía. Difícil cuestión
es analizar el alcance o la autenticidad de su sentido reli-

---

[47] **Página** 89.

vamente al libro de *Cantares*. Aparecen allí oraciones, peticiones, relatos de milagros en los que va implícita la fe sencilla y sin problemas del carbonero: la providencia de Dios remedia los males y necesidades del mundo. No hay rebeldía sino aceptación y alegría. No creemos que este tipo de poemas respondan a una etapa de la evolución espiritual de la autora, sino a una *postura*. Rosalía se identifica con la forma de sentir del pueblo y plasma su fe de igual modo que lo hace con otras manifestaciones de su vida.

Otro tipo importante de poemas religiosos son los que expresan una religiosidad tradicional. Reflejan creencias antiguas de la autora y son, posiblemente, restos de su formación religiosa familiar: Dios providente, distribuidor de premios y castigos eternos; amorosa protección de la Virgen; ángeles custodios... Estos poemas están en flagrante oposición a la visión del mundo que ofrece el conjunto de su obra y carecen, incluso, del tono desgarrado, dramático de sus típicos poemas religiosos. Como ejemplo pongamos el que comienza "Yo en mi lecho de abrojos", donde manifiesta que las asperezas de la vida la conducirán al cielo. Creo que estos poemas pueden explicarse como *restos* de creencias infantiles, ligadas sentimentalmente a un "tiempo venturoso" en el que vivieron sus antepasados; una especie de paraíso perdido que Rosalía se resiste a abandonar, pero que, en realidad, son un islote aislado en la corriente turbulenta de su evolución espiritual.

Esta evolución espiritual hay que entenderla en relación con su postura ante el dolor humano. Para Rosalía, el gran problema es conciliar la creencia en Dios con la existencia del dolor en el mundo, llámese desgracia o injusticia. Se pueden distinguir tres etapas. Primera: en el mundo hay dolor, pero un Dios providente y compasivo remedia al hombre y le recompensa en la otra vida. A esta etapa correspondería lo que llamamos religiosidad popular y tradicional. Segunda etapa: el hombre se rebela contra un dolor que le desborda y que no comprende. Sólo el ejemplo de un Cristo sufriente sirve de consuelo y esperanza. Etapa final: hay dolor y no se puede buscar ninguna justificación transcendente; el hombre es un ser irremediablemente solo y dolorido.

No hay que entender estas tres etapas en sentido cronológico —con la excepción de la "religiosidad popular"—. Son absolutamente coetáneas. Rosalía oscila continuamente de la creencia tradicional a la duda o a la desesperanza.

La etapa más interesante desde un punto de vista religioso es la segunda. Se caracteriza por la exaltación sentimental y a ella pertenecen varios poemas de *En las orillas*. Citemos como ejemplo el que lleva por título "Santa Escolástica". Son poemas que rebosan sinceridad, pero, probablemente, son expresión más de sentimientos esporádicos que de un hondo convencimiento que dé sentido a su vida. Tenemos muchas veces la impresión de que Rosalía quiere aferrarse a la creencia, necesita creer para soportar su vida de dolor, para darle un sentido a su existencia. Así, ante su hijo muerto, exclama:

> En el cielo, en la tierra, en lo insondable
> yo te hallaré y me hallarás.
> No, no puede acabar lo que es eterno,
> ni puede tener fin la inmensidad. [52]

Para interpretar rectamente el sentido religioso en la obra de Rosalía hay que tener en cuenta que se trata de un problema que ella vivió de un modo personal, como algo que atañía solamente a ella, y lo vivió a golpe de sentimiento; por eso se contradice y por eso no le importa contradecirse. Unas veces se le imponía una visión de la vida absurda y otras, el deseo de encontrarle un sentido le hacía volverse hacia antiguas creencias. Sus poemas reflejan esos vaivenes de su vida.

*En las Orillas del Sar* no puede considerarse, desde el punto de vista de la religiosidad, como una etapa final. Refleja las mismas alternativas que *Follas Novas*. En él encontramos los tipos de religiosidad mencionados, excepto la popular-folklórica propia de *Cantares Gallegos*. Y en-

---

[52] Del poema "Era apacible el día", p. 76.

contramos también la tercera etapa, es decir, el aspecto
negativo de la religiosidad: una visión del mundo carente
de todo sentido religioso.

### Las sombras

Un buen ejemplo del subjetivismo a que Rosalía llega
en su último libro es el poema que comienza "Del antiguo
camino a lo largo". Hay allí una alusión a "mis sombras"
totalmente incomprensible para el lector no especializado.
Las sombras de Rosalía son un capítulo importante
en su visión del mundo. Este concepto de las sombras,
como sucedía con "los tristes", se ha ido forjando a lo
largo de su obra y lo encontramos plenamente cuajado
en *En las Orillas del Sar,* hasta el punto de que Rosalía,
tan aficionada a las explicaciones, se refiere a ellas como
a algo perfectamente conocido que no necesita aclaración.
Hay que tener cuidado para no confundir las distintas
"sombras" que aparecen en su mundo poético. A fin de
poner un poco de orden en el tema, digamos rápidamente
que estas sombras a las que Rosalía suele designar con el
posesivo "mis" ("mis sombras") no tienen nada que ver
con las sombras "escenográficas" de su primer libro, cuya
función es idéntica a la de las sombras de cualquier autor
romántico: preparar un decorado acorde con el sombrío
estado de ánimo del poeta. Tampoco guardan relación
con la "negra sombra" del famoso poema rosaliano que,
con carácter simbólico, está aludiendo a una realidad
abstracta: recuerdo, dolor, vivencia de la nada... No,
cuando Rosalía dice "mis sombras" se está refiriendo a una
realidad muy concreta que, curiosamente, no ha llamado
la atención de la crítica, pese a la frecuencia con que aparece. [53]
Las sombras rosalianas son seres que ya han dejado
de existir. Habitan más allá del mundo de los vivos, pero

---

[53] Para un estudio detenido de este concepto véase mi libro ya citado,
pp. 23-35.

más acá, o, si se quiere, al margen de un cielo o un infierno cristianos; se mueven en unas "esferas" ultraterrenas desde donde intervienen en la existencia de los vivos. Con estos seres es posible establecer comunicación y Rosalía así lo hace y nos lo cuenta.

En el libro *A mi madre* podemos observar el proceso mediante el cual nace una sombra. La muerte no supone la inmediata transformación. El recién muerto pasa por un difícil período en el que es igualmente extraño al mundo de los vivos y de los muertos. Rosalía —curioso antecedente del Bergman de *Gritos y susurros*— percibe la angustia del que acaba de morir, el miedo a lo desconocido, al contacto con las otras sombras, algunas hostiles:

> ¡Ah! De dolientes sauces rodeada,
> de dura hierba y ásperas ortigas,
> ¿cuál serás, madre, en tu dormir turbada
> por vagarosas *sombras enemigas*? [54]

Al mismo tiempo, ese ser inspira temor a los vivos; el contacto con el sepulcro, la frialdad, el hieratismo de la muerte le dan un aspecto terrorífico que repele a los vivientes. Rosalía se asombra y se avergüenza de su miedo ante la aparición en sueños de la sombra de su madre. Pero, poco a poco, la sombra se desprende de esos aspectos impresionantes, se disipan los "vapores infectos" del sepulcro y la sombra adquiere un aspecto amable, familiar y participa de la vida de los seres vivientes:

> ...No está mi casa desierta,
> no está desierta mi estancia...
> . . . . . . . . . . . . . . . . . . . . . . .
> que aunque no estás a mi lado
> y aunque tu voz no me llama,
> *tu sombra*, sí, sí... *tu sombra*;
> *tu sombra* siempre me aguarda. [55]

[54] *Obras Completas*, ed. citada, p. 250.
[55] *Ibidem*, p. 256.

No falta en *Cantares Gallegos* la alusión a la sombra de su madre, con la indicación precisa del lugar donde habita:

> Tal maxino a *sombra triste*
> de mi maa, soia vagando
> *nas esferas* onde esiste. [56]

En *Follas Novas*, las sombras invaden los lugares abandonados por los emigrantes:

> Miréi pola pechadura,
> ¡qué silensio...! ¡qué pavor...!
> Vin nomáis *sombras errantes*
> que iban e viñan sin son... [57]

Las sombras vigilan, celosas y descontentas, los pasos de la viuda que pretende tener un nuevo amor. Ella, al renunciar, las apacigua y les da una explicación:

> Sosegávos, *ñas sombras airadas*,
> que estóu morta para os vivos. [58]

Una condición necesaria para entablar contacto con estos espíritus es la soledad. En *El primer loco* se encuentran algunos de los textos más esclarecedores sobre las sombras:

> Pero cuando ningún vivo nos acompaña; cuando en la playa desierta, en el bosque o en cualquier otro paraje aislado nos encontramos sin quien nos mire o nos observe, legiones de espíritus amigos y simpáticos al nuestro se nos aproximan. [59]

Para Rosalía la comunicación era fácil y podía establecerse a voluntad. Su familiaridad con el mundo de las sombras es total al final de su vida —y de su obra—. Por ello nos puede decir con la mayor naturalidad:

---

[56] *Poesías*, ed. citada, p. 140.
[57] *Ibidem*, p. 198.
[58] *Ibidem*, p. 282.
[59] *Obras Completas*, pp. 1420-21.

> No lejos, en soto profundo de robles,
> en donde el silencio sus alas extiende,
> y da abrigo a los genios propicios,
> a nuestras viviendas y asilos campestres,
> siempre allí, *cuando evoco mis sombras,*
> *o las llamo, respóndenme y vienen.* [60]

Sólo conociendo la prehistoria del concepto podemos comprender plenamente esa alusión posesiva a las sombras.

## *Métrica*

Un aspecto interesante en el que Rosalía aparece como innovadora o precursora de nuevas tendencias es la métrica.

Encontramos en su último libro ritmos y combinaciones originales que se desarrollaron después ampliamente en el Modernismo. No creo que existiera en Rosalía un prurito de originalidad en el empleo de formas nuevas sino, más bien, que su afición y buenas dotes para la música —atestiguadas por su marido— la llevaron a experimentar espontáneamente en su poesía ritmos poco frecuentes.

Vamos a describir brevemente los aspectos más interesantes de su métrica. [61]

Hay en Rosalía, como en Bécquer, un desinterés por la rima, que se reduce generalmente a la asonancia, y un rechazo de las estrofas de estructura rígida. Es frecuente la deformación de estrofas clásicas, como sucede con los cuartetos que llevan impares libres y pares asonantados. En su último libro, los metros más renovadores son los siguientes:

*El verso de dieciocho sílabas u octodecasílabo.* Está formado por la suma de dos eneasílabos trocaicos, acentuados en 4.ª y 8.ª. Lleva hemistiquio central. Rosalía lo empleó en el poema "Su ciega y loca fantasía corrió arrastrada por el vértigo".

---

[60] Página 95.
[61] Seguimos en nuestra exposición a Tomás Navarro Tomás, *Métrica Española*, Madrid, ed. Guadarrama, 1972.
Véase también Sister Mary Pierre Tirrel, *La mística de la saudade*, Madrid, 1951.

*El verso de dieciséis sílabas o hexadecasílabo*. Es usado por Rosalía en su modalidad polirrítmica, es decir, formado por dos octosílabos en los que se mezclan las posibilidades rítmicas de ese verso. En su último libro aparecen agrupados en forma de sextetos: AAB : CCB. Así en el poema "Dicen que no hablan las plantas, ni las fuentes, ni los pájaros", o en el que comienza "Los que a través de sus lágrimas" en el que cinco de sus seis partes están compuestas en sextetos de hexadecasílabos.

*El alejandrino dactílico*. Fue empleado por primera vez como modalidad independiente por Rosalía. Consta de un hemistiquio central y los octosílabos van acentuados en 3.ª y 6.ª sílaba. Así lo encontramos en el poema "Ya no mana la fuente, se agotó el manantial".

Otro aspecto en el que Rosalía destacó fue en el empleo de la ametría, es decir, combinaciones de versos de distinta medida que anuncian el verso libre, sin medida, sin acentos y sólo con rima asonante. Veamos algunos casos.

*Combinación de versos de ocho, diez y once sílabas:*

> "Mientras el hielo las cubre
> con sus hilos brillantes de plata,
> todas las plantas están ateridas,
> ateridas como mi alma."

*Combinación de versos de ocho y diez sílabas:*

> "A través del follaje perenne
> que oír deja rumores extraños,
> y entre un mar de ondulante verdura,
> amorosa mansión de los pájaros,
> desde mis ventanas veo
> el templo que quise tanto."

*Combinación de versos de doce y de diez sílabas.* En el poema que comienza "En su cárcel de espinos y rosas":

> "En su cárcel se duermen soñando
> cuán bello es el mundo cruel que no vieron,
> cuán ancha la tierra, cuán hondos los mares,
> cuán grande el espacio, qué breve su huerto."

*Combinación de versos de once y ocho sílabas:* "A la luna":

> "¡Con qué pura y serena transparencia
>   brilla esta noche la luna!
> A imagen de la cándida inocencia,
>   no tiene mancha ninguna."

Veamos finalmente un curiosísimo ejemplo de ametría. Los versos son todos diferentes, variando los acentos en aquéllos que tienen igual número de sílabas, y sólo dos de ellos van unidos por asonancia. Para Navarro Tomás es un claro antecedente de la ametría libre que se había de desarrollar en el período siguiente. No se puede decir, sin embargo, que el resultado sea feliz:

> "No subas tan alto, pensamiento loco,
> que el que más alto sube más hondo cae,
> ni puede el alma gozar del cielo
> mientras que vive envuelta en la carne.
>
> Por eso las grandes dichas de la tierra
> tienen siempre por término grandes catástrofes."

## Estilo

Por lo que se refiere al estilo, hay que decir que *En las Orillas del Sar* no es un libro brillante. Rosalía adolece muchas veces de falta de lima, de descuido. A este respecto es significativo el uso de los adjetivos, ya que, si en ocasiones nos sorprende la sutileza y fina matización, en otras quedan de relieve los restos del peor romanticismo y nos encontramos con adjetivos tópicos, de escaso o nulo valor expresivo.

Un rasgo típico de la autora, que se manifiesta en este libro una vez más, es su deseo de claridad. A ello parece obedecer la abundancia de comparaciones y la escasez de metáforas. La comparación va, generalmente, de lo abstracto a lo concreto, de lo general a lo particular, de lo grande a lo pequeño. Parece deberse a un deseo de acercar lo abstracto, lo inusual, lo lejano a lo cercano, concreto y cotidiano.

Las metáforas son escasísimas y poco originales y, obedeciendo a ese prurito de claridad ya mencionado, a veces Rosalía vuelve a nombrar el objeto con su término real, como si temiera que no quedara claro. Así, en el poema "Margarita" después de haber hablado de "lebreles" y de "la fiera" aclara:

> Prosiguieron aullando los lebreles...
> —¡los malos pensamientos homicidas!—
> y despertaron la temible fiera...
> —¡la pasión que en el alma se adormía!—.

El deseo de claridad perjudica, a veces, a la calidad poética, como en el caso precedente, y lo mismo sucede cuando añade colofones explicativos que tratan de aclarar el sentido de vivencias que antes había expresado de forma intuitiva. Así sucede en el poema "En los ecos del órgano o en el rumor del viento". Rosalía nos habla de la búsqueda de algo desconocido, un ser inefable que percibe en todas partes, pero cuya naturaleza ignora, al que denomina "hermosura sin nombre, pero perfecta y única". Este poema, por la índole de sus vivencias, se relaciona con otros que parecen evocar experiencias de tipo místico:[62] "Ya duermen en su tumba las pasiones", "Si al festín de los dioses llegas tarde". En un intento de hacer más claras sus intuiciones, la autora da al final el nombre de "Felicidad" a ese ser misterioso, cuando, en todo caso, la felicidad podría ser el estado resultante de la posesión, pero no el objeto poseído. Curiosamente, el lector "arregla" a su manera ese poema, uno de los más conocidos de Rosalía, suprimiendo en su recuerdo la parte final, que raramente he visto citada ni de palabra ni por escrito, mientras que la parte inicial ("Yo no sé lo que busco eternamente") es de las más repetidas de la autora.

La figura retórica que aparece empleada con mayor maestría es el símbolo. No son muchos los de su último libro, pero sí eficaces y logrados. A veces se construyen

62 Véase Marina Mayoral, *obra citada*, pp. 211-227.

a partir de un elemento simple: mariposa ("Nada me importa, blanca o negra mariposa"), alondra ("Viéndome perseguido por la alondra"). Otras veces el símbolo está formado por elementos múltiples de forma que constituyen una escena o paisaje simbólico ("Cenicientas las aguas, los desnudos"; "Ya no mana la fuente, se agotó el manantial")[63].

Las dos figuras más frecuentes son la repetición y el contraste. La primera constituye una especie de estructura, de esqueleto rítmico en el que se van engarzando otros procedimientos. Se puede decir que la reiteración acompaña, generalmente, a los otros recursos expresivos. Este procedimiento tiene, sin duda, un origen popular, folklórico.

Muy frecuentemente, la reiteración aparece unida al contraste como un elemento subalterno de éste. Su función es, entonces, la de resaltar la oposición de dos o más elementos.

El contraste, ya sea solo o unido a la reiteración, presenta gran variedad de matices. Más interesantes que los contrastes de tipo sensorial o conceptual son otros en los que Rosalía es maestra y que tienen como nota común la sorpresa que provocan en el lector. Podrían considerarse como rupturas de sistema; en realidad, se trata del contraste entre lo que se espera y lo que sucede, entre el desarrollo de una idea y una conclusión inesperada, entre un sentimiento y el objeto que lo inspira, entre el tono y el contenido de un poema... Pongamos como ejemplo el poema "Era apacible el día":

> Era apacible el día
> y templado el ambiente,
> y llovía, llovía
> callada y mansamente;
> y mientras silenciosa
> lloraba yo y gemía,
> mi niño, tierna rosa,
> durmiendo se moría[63 bis].

---

[63] Para un análisis más detenido de este procedimiento, véase mi libro ya citado *La poesía de Rosalía de Castro*, cap. XXV, pp. 393-419.

[63 bis] Véase el comentario de F. Lázaro Carreter a este poema en *Estudios de poética*, Taurus, Madrid, 1976, pp. 55-58.

El ambiente creado por los cuatro primeros versos, agradable y lleno de paz, se quiebra en los cuatro siguientes con la aparición de la muerte. Pero aún es más violento el contraste entre esos ocho versos, de tono sosegado, y la violencia y desesperación que impregna el resto del poema.

Relacionado con la técnica del contraste está un rasgo de estilo que podemos llamar naturalidad para referirse a lo extraordinario. Recordemos, por ejemplo, la forma en que Rosalía se refiere a sus sombras. La naturalidad aumenta, por contraste, el efecto de extrañeza que provocan los hechos relatados. En muchas ocasiones estos hechos parecen referirse al mundo onírico o de la locura, como en los poemas "Dicen que no hablan las plantas, ni las fuentes, ni los pájaros", o "Una sombra tristísima, indefinible y vaga".

Junto al deseo de claridad, ya mencionado, encontramos en *En las Orillas del Sar* el rasgo estilístico opuesto: la utilización del misterio como elemento expresivo. Las alusiones misteriosas obedecen a dos causas fundamentales: al carácter inefable de las vivencias experimentadas, que sólo permiten ser expresadas de un modo vago y difuso; así, cuando se refiere a "mi ilusión más querida", en el poema "Detente un punto, pensamiento inquieto" o a la "luz más viva que la del sol" que calienta e ilumina su espíritu, en el poema "Cuido una planta bella". También puede obedecer el misterio al deseo de mantener ocultos hechos que se refieren a su propia biografía.

SIGNIFICACIÓN E IMPORTANCIA DE *En las Orillas del Sar*

Es un tópico decir de algunos autores que han sido maltratados o ignorados por la crítica. En el caso de Rosalía responde a la más estricta realidad. El juicio de un gran escritor del 98, Azorín, nos evitará opinar sobre ese tema.

Dice Azorín:

"Causa tristeza y asombro el notar la estulta y obstinada incomprensión de la crítica española moderna con relación a uno de los más delicados, de los más intensos, de los más

originales poetas que ha producido España. El silencio
le rodeaba impenetrablemente. Y este poeta tenía lo que
únicamente hace los grandes poetas: emoción y ternura.
Ni en la antología formada por Valera (en la que figuran
doña Antonia Díaz de Lamarque, doña Josefa Ugarte
Barrientos, doña Carolina Valencia, etc.), ni en la de
Menéndez y Pelayo —las cien mejores poesías— ni en
la lista de omisiones que Valbuena señala a Menéndez
y Pelayo, figura Rosalía."[64]

En *Clásicos y Modernos* vuelve Azorín a referirse a
Rosalía, concretamente a *En las Orillas del Sar:*

"En 1884 —un año antes de morir— apareció impreso en
Madrid un libro, *En las Orillas del Sar;* no se ha publicado
en lengua castellana, y durante nuestro siglo XIX, un volumen de más espirituales, delicados, ensoñadores versos."[65]

Tampoco el aspecto innovador de su poesía escapó
a la aguda mirada de Azorín:

"Rosalía de Castro había sido la precursora de la revo-
lución poética realizada en la métrica y en la ideología."[66]

Curiosamente, de forma paralela al silencio crítico y a
la incomprensión, se desarrolló en Galicia un proceso
mitificador. Rosalía no es sólo un poeta, es la representación
del espíritu galaico, una figura cuyas dimensiones exceden
el ámbito literario para penetrar en lo social, en lo político
y en el terreno vago de las creencias ancestrales donde se
forjan los mitos. No es fácil mantener una fría actitud
crítica ante tan compleja figura. Intentaremos, sin embargo,
resumir nuestra opinión y la de la crítica más seria ante
esta obra que venimos analizando.

El último libro de Rosalía, en su aspecto formal, adelanta
caracteres propios de una etapa posterior; así, el gusto por
la asonancia —que se da también en Bécquer— y la simpli-
ficación de recursos en pro de una mayor flexibilidad para
la expresión de la intimidad.

[64] Azorín, *El paisaje de España visto por los españoles*, Madrid, ed. Espasa
Calpe, 5.ª ed., p. 26.
[65] Azorín, *Clásicos y modernos*, Madrid, 1913, p. 57.
[66] Azorín, artículo "Juan Ramón Jiménez", en *Los valores literarios*,
Madrid-Buenos Aires, ed. Renacimiento, 1913, pp. 200-201.

En el aspecto rítmico, emplea metros que se usarán ampliamente en el modernismo y el uso de la ametría anuncia la libertad de la poesía contemporánea.

Por lo que se refiere a su visión del mundo, Rosalía aparece en este libro como precursora de una poesía que pudiéramos llamar existencial, cuyo tema fundamental es la existencia humana, su sentido o, mejor, su falta de sentido. Se adelantó en algunos casos a una filosofía del absurdo que no encontró su expresión conceptual hasta las obras de Sartre o Kierkegard.

*En las Orillas del Sar* es, por una parte, una de las mejores obras románticas en castellano, de un romanticismo que, como el de Bécquer, abandona toda pompa aparatosa para concentrarse en el subjetivismo más puro y la expresión más auténtica del yo del poeta. De otra parte, por su desarraigo y desolada visión del mundo, es un anuncio de la problemática de la poesía del siglo xx. Unamuno y Machado son, en muchos aspectos, herederos de la poetisa gallega.

Marina Mayoral

## NOTICIA BIBLIOGRÁFICA

1. *En las orillas del Sar*, *Poesías* de Rosalía de Castro de Murguía, Madrid, Establecimiento tipográfico de Ricardo Fe, Calle de Cedaceros, núm. 11, 1884. (Primera edición.)

2. *Obras Completas* de Rosalía de Castro, I: *En las orillas del Sar*, prólogo de Manuel Murguía, Madrid, Librería de Hernando, calle del Arenal, 1909. (Segunda edición.)

   Esta edición contiene once poemas más, inéditos, y otro con variantes importantes respecto a la primera edición. Algunos de los poemas del libro presentan también variantes, con relación a la primera.

   El mayor reproche hecho por la crítica a esta edición es la situación que se dio a dos de los poemas nuevos, de tono religioso, colocados al comienzo absoluto y al final del libro, en cierta contradicción con el contenido del mismo.

   Los poemas van precedidos de un prólogo de Murguía y llevan como apéndice dos artículos, uno de J. Barcia Caballero y otro de Enrique Díez-Canedo.

3. *Obras Completas* de Rosalía de Castro, I: *En las orillas del Sar*, prólogo de Manuel Murguía, Madrid, Librería de Pueyo, Mesonero Romanos, 10, 1909.

   Esta edición no suele ser mencionada por la crítica. Coincide en año y es idéntica en contenido a la citada anteriormente. X. Alonso Montero, que la cita en su edición de *En las orillas del Sar*, cree que se trata de una edición pirata. Debió de tener una tirada grande porque se encuentra más fácilmente que la de Hernando.

4. *En las orillas del Sar*, Madrid, editorial Páez, sin año.

5. *En las orillas del Sar*, editorial Buenos Aires, Colección Dorna, 1941.

6. *En las orillas del Sar*, en: Rosalía de Castro, *Obras Completas*, recopilación y estudio biobibliográfico por V. García Martí, Madrid, Aguilar, 1944.

7. *En las orillas del Sar*, edición, prólogo y notas de J. Alonso Montero, Salamanca, ediciones Anaya, col. Biblioteca Anaya, 1964.

8. *En las orillas del Sar*, en: Rosalía de Castro, *Poesías*, edición preparada por la Cátedra de Lingüística e Literatura Galega da Universidade de Santiago, nota editorial de R. Carballo Calero, Vigo, Patronato Rosalía de Castro, 1973.

# BIBLIOGRAFÍA SELECTA

Albert Robatto, Matilde: *Rosalía de Castro y la condición femenina*, Ediciones Partenón, Madrid, 1981.

Alonso Montero, Jesús: "Introducción" a su edición de *En las orillas del Sar*, Salamanca, ed. Anaya, 1964.

——: "Rosalía de Castro: compromiso, denuncia, desamparo y violencia", en *Realismo y conciencia crítica en la literatura gallega*, Madrid, ed. Ciencia Nueva, 1968.

——: *Rosalía de Castro*, Madrid, Ediciones Júcar, 1972.

Azorín: *Clásicos y modernos*, Madrid, 1913.

——: *El paisaje de España visto por los españoles*, Madrid, 1917.

Bouza Brey, Fermín: "Manuel Barros, escritor emigrado amigo de Rosalía, y los orígenes del libro *En las orillas del Sar*", *Cuadernos de Estudios Gallegos*, 1961.

——: "Adriano y Valentina, motivaciones inspiradoras de Rosalía de Castro", en *Cuadernos de Estudios Gallegos*, fasc. LIII, 1962.

——: *Estudios rosalianos. Aspectos da vida e da obra de Rosalía de Castro*, Vigo, ed. Galaxia, 1979.

Briesemeister, Dietrich: *Die Dichtung der Rosalía de Castro*, Druck A. Bergmiller, Munchen, 1959.

Carballo Calero, Ricardo: *Historia da literatura galega contemporánea*, vol. I, Vigo, ed. Galaxia, 1962. Especialmente el capítulo IV, pp. 141-231.

——: *Aportaciones a la literatura gallega contemporánea*, Madrid, ed. Gredos, 1955.

——: "Arredor de Rosalía", en *Siete ensayos sobre Rosalía*, Vigo, ed. Galaxia, 1952.

——: "Rosalía y otros", en *Cuadernos de Estudios Gallegos*, XXXVII, 1957.

——: *Contribución ao estudo das fontes literarias de Rosalía*, Lugo, 1959.

——: "Machado desde Rosalía", en *Insula*, Madrid, julio-agosto, 1964.

——: "Rosalía en Italia", *Cuadernos de Estudios Gallegos*, fasc. XLIV, 1959.

——: "Bibliografía rosaliana", en *Grial*, núm. 9, Vigo, 1965.

——: "Introducción" a su edición de *Cantares Gallegos*, Salamanca, ed. Anaya, 1963.

——: *Estudios rosalianos. Aspectos da vida e da obra de Rosalía de Castro*, Galaxia, Vigo, 1979.

Castelar, E.: "Prólogo" a *Follas Novas*, Habana-Madrid, 1880.

Cernuda, Luis: *Estudios sobre poesía española contemporánea*, Madrid, ed. Guadarrama, 1957.

Cortina, A.: Prólogo a *Obra poética de Rosalía de Castro*, Buenos Aires, ed. Espasa-Calpe (Austral), 1942.

Cossío, José María de: *Cincuenta años de poesía española (1850-1900)*, II, Madrid, 1960.

Costa Clavell, Javier: *Rosalía de Castro*, Barcelona, ed. Plaza Janés (Prosistas de lengua española), 1967.

Díaz, Nadia A.: *La protesta social en la obra de Rosalía de Castro*, Vigo, ed. Galaxia, Fundación Penzol, 1976.

Díez Canedo, E.: "Una precursora", Apéndice de la 2.ª ed. de *En las orillas del Sar*, Madrid, Librería Hernando, 1909, en *La lectura*, II, Madrid, 1909.

Entrambasaguas, Joaquín: Prólogo al libro de Sister Mary Pierre Tirrel, citado más abajo.

Filgueira Valverde, José: Introducción a *Poems of Rosalía de Castro*, Madrid, The Ministry of Foreign Affairs, 1964.

Fiorentino, Luigi: *La protesta di Rosalía*, Mursia, Milano, 1979.

García Martí, V.: "Rosalía de Castro o el dolor de vivir", prólogo a su ed. de las *Obras Completas* de Rosalía, 5.ª ed., Madrid, Ed. Aguilar, 1960.

García Sabell, Domingo: "Rosalía y su sombra", en *Siete ensayos sobre Rosalía*, edición citada.

*Insula*: número especial dedicado a la literatura gallega: núm. 152-153, Madrid, julio-agosto 1968.

Kulp, Kathleen K.: *Manner and mood in Rosalía de Castro. A study of themes and style*, Madrid, Ediciones José Porrúa Turanzas (Biblioteca Tenanitla), 1968.

Landeira, Ricardo L.: *La saudade en el renacimiento de la literatura gallega*, Vig., ed. Galaxia, 1970.

Lapesa, Rafael: "Bécquer, Rosalía y Machado", en *Insula*, núm. 100-101, Madrid, abril 1954. Incluido ahora en *De la Edad Media a nuestros días. Estudios de historia literaria*, Madrid, ed. Gredos, 1967.

Lorenzana, Salvador: "Xuicios críticos sobre Rosalía", en *Siete ensayos sobre Rosalía*, ed. citada.

Mac Clelland, I. L.: "Bécquer, Rubén Darío and Rosalía Castro", en *Bulletin of Hispanic Studies*, XV, Liverpool, 1939.

Machado da Rosa, Alberto: "Rosalía de Castro, poeta incomprendido", en *Revista Hispánica Moderna*, XX, New York, julio 1954.

——: "Subsidios para la cronología de la obra poética rosaliana", en *Cuadernos de Estudios Gallegos*, 1957.

Mayoral, Marina: "Sobre el amor en Rosalía de Castro y sobre la destrucción de ciertas cartas", en *Cuadernos Hispanoamericanos*, núm. 233, Madrid, mayo 1969.

——: "Un recuerdo encubridor en Rosalía de Castro", en *Ínsula*, núm. 275-276, Madrid, octubre-noviembre 1969, incluido en el libro *Poesía Española Contemporánea*, Madrid, Gredos, 1973.

——: *La poesía de Rosalía de Castro*, Madrid, ed. Gredos, col. Biblioteca Románica Hispánica, 1974.

Montero, Lázaro: "La poesía de Rosalía de Castro", en *Cuaderno de Estudios Gallegos*, VIII, 1947.

Morley, Silvanus Griswold: *Beside the river Sar*, Berkeley, 1937.

Murguía, Manuel: *Diccionario de escritores gallegos*, Vigo, 1862.

——: *Los precursores*, La Coruña, Biblioteca Gallega, 1885.

Naya Pérez, Juan: *Inéditos de Rosalía*, Santiago, Publicaciones del Patronato de Castro, 1953.

Nogales de Muñiz, María Antonia: *Irradiación de Rosalía de Castro. Palabra viva, tradicional y precursora*, Barcelona, 1966.

Odriozola, Antonio: *Rosalía de Castro: guía bibliográfica*, Universidad Internacional Menéndez Pelayo y Museo de Pontevedra, 1981.

Otero Pedrayo, Ramón: *Romantismo, saudade, sentimento da raza e da terra en Pastor Díaz, Rosalía de Castro e Pondal*, Santiago, 1931.

Pàmies, Teresa: *Rosalía no hi era*, Destino, Barcelona, 1982.

Peers, E. Allison: *Historia del movimiento romántico español*, t. II, Madrid, ed. Gredos, 1954.

Piñeiro, Ramón: "A saudade en Rosalía", en *Siete ensayos sobre Rosalía*, Vigo, ed. Galaxia, 1952.

Placer, Fr. Gumersindo: "Un subtema rosaliano. O suicidio", en *Grial*, Vigo, núm. 36, abril-junio 1972.

Poullain, Claude Henri: *Rosalía de Castro de Murguía y su obra literaria*, Madrid, Editora Nacional, 1974.

Rof Carballo, J.: "Rosalía, ánima galaica", en *Siete ensayos sobre Rosalía*, Vigo, ed. Galaxia, 1952.

Santaella Murias, Alicia: *Rosalía de Castro. Vida poética y ambiente*, Buenos Aires, 1942.

Tirrel, Sister Mary Pierre: *La mística de la saudade. Estudio de la poesía de Rosalía de Castro*, Madrid, 1951.

Valés Failde, Javier: *Rosalía de Castro*, Madrid, Imprenta de la Revista de Archivos, 1906.

Varela, José Luis: "Rosalía o la saudade" en *Cuadernos de literatura*, Madrid, enero-junio de 1950.

——: *Poesía y restauración cultural de Galicia en el siglo XIX*, Madrid, ed. Gredos, 1958.

——: "Sobre las huellas de Rosalía", en *La palabra y la llama*, Madrid, ed. Prensa Española (col. Vislumbres), 1962.

Varela Jácome, Benito: "Emilia Pardo Bazán, Rosalía de Castro y Murguía", en *Cuadernos de Estudios Gallegos*, XX, 1941.

# NOTA PREVIA

Seguimos fundamentalmente la edición de *Poesías* preparada por R. Carballo Calero, catedrático de Lingüística y Literatura de Santiago de Compostela, que se ajusta a la primera edición, pero con diferencias que se refieren a dos órdenes de cosas. Primero: preferimos a veces la lectura de la segunda edición por considerarla más acertada, o disentimos de las correcciones hechas por Carballo Calero a la primera edición. Segundo: añadimos los poemas que aparecen en la segunda edición, porque creemos que entre ellos se encuentran algunos de los mejores de la autora, y porque consideramos que, advertido el lector de los motivos que pudieron tener los editores para cerrar el libro con un poema religioso, el efecto de tal situación queda totalmente paliado. Incluimos, así mismo, el prólogo de Murguía a esta segunda edición porque lo juzgamos de interés para el conocimiento del carácter de la autora, e, incluso, porque nos parece justo presentar junto a la obra de Rosalía las palabras del hombre que tanto se preocupó por ella en el terreno intelectual.

En el prólogo, todas las citas de *En las Orillas del Sar* remiten a la presente edición.

De los poemas que llevan los números 3, 4, 5, 6, 7, 8, 9, 10 y 11 existe una versión primitiva, con variantes importantes respecto a la primera edición, publicada en *La Ilustración Cantábrica*, en el núm. del 18 de mayo de 1882, bajo el título general de "Penumbras". Menciona su existencia F. R. Cordero Carrete en su trabajo "Variantes en un poema de Rosalía" (*Cuadernos de Estudios Gallegos*, fasc. XVI, 1950, p. 241), pero lo considera un solo poema, dividido en nueve estrofas, y señala algunas variantes, pero no todas. Las ediciones anteriores de *En las Orillas del Sar* no reproducen estas variantes que aquí doy completas, creo que por primera vez.

De los poemas que llevan los números 2, 12, 13, 14, 15, 23, 24, 25, 30, 31, 32, 33, 34, 35, 36, 37, 38, 39, 54, 56, 57 y 64, existe una versión anterior al libro, con variantes importantes, publicada en el periódico *La Nación Española* de Buenos Aires. Estas variantes las recogemos en nuestra edición.

La existencia de estos poemas era conocida por algunos investigadores, pero de forma muy confusa. Bouza Brey en su trabajo "Manuel Barros, escritor emigrado amigo de Rosalía, y los orígenes del libro *En las Orillas del Sar*" (C. E. G., 1961, núm. 49) reproduce unas notas de Murguía, publicadas por Juan Naya, en las que el marido de Rosalía dice que ésta, después de la publicación de *Follas Novas* "no se ocupó de otra cosa que del cuidado de sus pequeños, y sólo remitió a un periódico de Buenos Aires, de que era propietario un hijo de Padrón, la mayoría de sus composiciones en castellano, que reuní en un volumen impreso en Madrid en 18.. dos años después" (p. 219 del citado trabajo).

A esto añade Bouza Brey un artículo de Manuel Barros donde éste cuenta una visita que hizo a Rosalía en 1884, en el cual se lee lo siguiente:

"En aquellos días había salido a la luz un volumen en que bajo el título de *En las Orillas del Sar* había reunido las primeras composiciones poéticas que por encargo mío escribió para mi diario *La Nación Española*" (p. 229 del trabajo citado).

Como *En las Orillas del Sar* se publicó en 1884, y Barros se hizo cargo del periódico en agosto de 1881, si las palabras de Murguía fueran exactas ("...que reuní en un volumen impreso en Madrid en 18.., *dos años después*"), tendríamos en año y medio de *La Nación Española* la primera versión del libro.

Pero las cosas no son tan sencillas. Para empezar, a Murguía le falla la memoria en cuanto a las fechas, Rosalía no empieza a publicar en el citado periódico lo que serán después los poemas de *En las Orillas del Sar* hasta octubre de 1882, y continúa haciéndolo a lo largo de ese año y del siguiente. En esta edición se recogen los poemas que Rosalía publicó en dicho periódico hasta el 23 de octubre de 1883. Ni en Galicia, ni en Madrid ni en Buenos Aires he podido encontrar los dos meses que faltan de ese año, ni los primeros de 1884, donde es casi seguro que se encontrarán más poemas. Cuando uno llega al límite de sus posibilidades, sólo resta desear suerte a futuros investigadores.

Las abreviaturas empleadas para referirnos a las ediciones de *En las Orillas del Sar* son las siguientes:

M: 1.ª edición (Madrid).

H: 2.ª edición (Hernando).

S: edición de J. Alonso Montero (Salamanca).

P: edición de R. Carballo Calero (Poesías).

O.C.: edición de Aguilar (Obras Completas).

I.C.: *La Ilustración Cantábrica.*

N.E.: *La Nación Española* de Buenos Aires.

Quiero agradecer la ayuda de Ricardo Palmás en la localización de los textos argentinos. También deseo recordar aquí con agradecimiento a D. Rafael Lapesa, que me orientó desde el comienzo de mis trabajos sobre Rosalía.

M. M.

EN LAS

# ORILLAS DEL SAR

POESÍAS

DE

ROSALÍA CASTRO DE MURGUÍA

MADRID
ESTABLECIMIENTO TIPOGRÁFICO DE RICARDO FÉ
Calle de Cedaceros, núm. 11
—
1884

# ROSALÍA DE CASTRO

*Deus! con que se joinel en lui bel cuers
de lions et cuers d' aignel.*

CUANDO *la vi encerrada en las cuatro tablas que a todos
nos esperan, exclamé:* « Descansa, al fin, pobre alma
atormentada, tú que has sufrido tanto en este mundo!"

Y esta exclamación salió tan de lo íntimo, respondía
tanto a la emoción del momento, que pudiera decir que fue
instintiva. Era imposible otra cosa. Nadie como yo sabía
que jamás ojos algunos derramaron en sus días de aflicción
lágrimas mas amargas que las suyas, ni otro corazón como
el suyo soportó en la Tierra más duros golpes. El Cielo se
apiadó de la infortunada el día de su muerte.

Mas se dirá: ¿acaso no tuvo sus días de felicidad, sus
rosadas auroras, la paz y el olvido que diariamente pedía
a Dios en sus oraciones? Sí, ciertamente. Sus hijos fueron
para su corazón un supremo consuelo, aun cuando la llenaba
de terror la idea de que pudiese llegar un tiempo en que
tuviesen que sufrir como ella sufría. ¡Oh, esto no! Por lo demás,
ingenua y confiada, puestas sus esperanzas en manos de Dios,
y confiada en su infinita misericordia, nada la halagaba
sino la paz de su casa. La misma gloria no le importaba.
Los vanos ruidos del mundo se apagaban a sus puertas,
no tan olvidadas como ella quería, ni tan ajenas al tumulto
de la vida que no le trajesen temores y sobresaltos, pues nada
la asustaba tanto como la posesión de una dicha inesperada.
Le parecía que forzosamente debía traer consigo una nueva
tormenta.

Soportando ciertas indiferencias que en el alma me dolían,
y para ella no pasaban inadvertidas, pues tocaban en los

*límites de la injusticia, muchas veces le dije que nadie en este
mundo haría justicia a su obra sino yo. Ella me contestaba
siempre: "Deja pasar todo; no somos más que sombra de
sombras. Dentro de poco, ni mi nombre recordarán. Mas
¿esto qué importa a los que hemos traspasado nuestros
límites?" Y era lo cierto, porque a pesar del entusiasmo con
que se acogieron sus libros todos, una frialdad dolorosa la
envolvía de tal modo, que entre el triunfo alcanzado y la
justicia que pedía fuese como era debido, ponía un mundo
de distancia. Porque al positivo valor literario de su primer
volumen de versos en lengua gallega,*[1] *se unían otras condi-
ciones, no diremos superiores, pero sí muy dignas de tenerse
en cuenta para juzgar su libro y la obra de regeneración
con él emprendida. Verdadera reveladora del alma de su país,
aparecía entonces para la generalidad como una más; para
muy pocos, como la única. Y así, con una dolorosa facilidad,
vinieron para el poeta las mansas injusticias, acompañadas
de las limitaciones y pérfidos ejemplos de los que se le suponían
iguales, cuando no superiores, con que una mala voluntad
trató a su hora de herirla con gran lanzada.*

*Por fortuna, semejantes contradicciones no le importaban.
Le eran indiferentes los triunfos, pues amaba la soledad
y el olvido, y si algo podía consolar aquella alma verdaderamente inconsolable, era pensar que tal vez el Cielo le conce-
diese un breve descanso, y aprovecharlo para producir algo
que honrase su país y lo hiciese amar a los extraños; algo
que dijese, con razón, que cuantos la tenían por la primera
debían tenerla.*

*Aquel inmortal amigo, por mi desgracia también recién
enterrado e inolvidable su memoria en mi corazón, Curros
Enríquez, que con ella compartió más tarde el triunfo y el
dolor de los hostigados por la suerte, amaba la obra de Rosalía
de Castro como la de un precursor y de una hermana. Hon-
rando su alma de poeta, la anteponía a la suya cuando en
realidad eran dos seres gemelos que, heridos por una misma*

---

[1] Juzgando Canalejas el libro de Rosalía *Cantares gallegos* en el artículo
que publicó en 1864 en el diario *La Democracia*, lo señaló, no tan solo como
una dichosa aparición, sino que se alargó a juzgarlo como una renovación
de la poesía en las fuentes siempre vivas de la inspiración popular.

*mano, habían soportado igual carga. Mas ella había precedido
a todos. Había roto los hielos, recorrido victoriosamente
la senda, y con armonioso acento habilitado, la primera,
la lengua materna para la expresión de todos los sentimientos,
lo mismo los populares que los que pertenecían al alma del
inspirado; y si a esto se añade que, a la vez, había dotado
su obra de acentos tan apasionados y de una sinceridad tan
grande, que aún se espera quien haya de vencerla en la vehe-
mencia y verdad de los afectos, bien claro dijo que a cuantos
en su país había caído en suerte el don de expresar sus ideas
y sentimientos en versos armoniosos, podrían llegar a ser
sus iguales, nunca superiores, pues ella ha tocado en los cielos
sin mancha.*

*Lo que a los demás correspondía, lo que a su tierra y
desgracia legendarias que la afligen tocaba directamente,
eso era lo que en primer lugar le importaba. Quedaban
para los que la amábamos aquellas otras explosiones de amor
y de intensa pena que la abrumaban, el saber a qué grandes
dolores se refería en sus versos. Los tiene que son amargos
gemidos, en cuyas entrañas se encerraba, si puede decirse
así, el dolor de los dolores que la abrumaban. Porque si
hubo ser sensible que al menor roce se sintiese herido; si hubo
alguien que en los momentos de desgracia se irguiese altivo
como héroe que antes de caer vencido intenta levantarse
y luchar todavía, fue ella. En su sangre circulaba, en sus
carnes palpitaba algo de indómito y superior que venía de
su raza y que parecía decirle: "¡Muere, pero sé digna de
soportar la muerte!" Y en esto pudo haber también quien
la igualase, pero no quien le fuese superior. En las grandes
familias se ven a cada momento ejemplos de esta índole.
Quien hablase a Rosalía, vería que era la mujer más benévola
y sencilla, porque en su trato todo era bondad, piedad casi,
para los defectos ajenos. Mas cuando la herían, ya como
enemiga, ya como acosada por el infortunio, era tal su dignidad, que pronto hacía sentir al que había inferido la herida
todo el peso de su enojo. Pero vanidad, pero ansia de brillar,
pero empeño de llenar este o el otro cenáculo, pero deseo
de aparecer como una mujer superior, eso, jamás lo sintió.
Todo lo contrario, nada le importaban los triunfos alcanzados;*

*nada el renombre que sobre ella pudiera recaer. Hallábase
contenta en la soledad de su casa, tranquila en sus medianías,
satisfecha viendo crecer sus hijos y siendo con ellos dichosa.*

*¿Qué se podía esperar de una mujer delicada de salud,
sensible, que cada emoción la hería hondamente? Que siendo
en ella tan sincera la producción literaria, reflejase con toda
intensidad el estado de su alma. Así lo hizo. Poeta moderno,
fruto del dolor de su tiempo, cuyas carnes herían con largas
y penosas vibraciones las penas que la ahogaban y las que
veía soportar, ni una sola de sus poesías dejó de ser la viva
expresión de la emoción que la embargaba. Cómo extrañar
ni la gracia y verdad con que describe en sus versos en gallego
las costumbres populares del país,[1] ni las emociones que a la
hora propicia la conmovían ni la misteriosa vaguedad de
unos versos en que dejó impresa para siempre la poderosa
huella de su genio. En esto consistió su triunfo. Los hijos de
Galicia que, ya bajo los cielos siempre serenos de Cuba,
ya en las llanuras de la Argentina leían a su poeta —sí, a su
poeta, pues si los hubo entre nosotros que fuesen amados
con amor inextinguible, fue Rosalía—, los llevaban en su
memoria y en su corazón; con ellos llenaban los abismos
de tristeza que los consumía lejos de la tierra natal. En ellos
veían reproducidos con entera fidelidad las cosas de la patria
por que suspiraban en su destierro. Tan íntima compenetración
del poeta con su pueblo fue lo que le dio el nombre merecido
de que gozó entre los suyos.*

\*

*Los antiguos bardos unían al don de la poesía el de la
música. Nadie dirá que Rosalía haya hecho otro tanto;*

---

[1] Tanto extrañó en sus versos los sentimientos y las costumbres de su
pueblo, que entre las diversas composiciones vulgares que recogí vinieron
algunas de Rosalía aceptadas como propias por la multitud campesina.
En el estudio de Milá y Fontanals acerca de la poesía popular gallega, la
129 y la 131 son de ella. Entre las que publicó más tarde el señor Pérez Ba-
llesteros en su *Cancionero*, se hallan también otras como debidas a la musa
del pueblo. Lo mismo pasa con algunas que aparecen en la monumental
obra de Carolina Michaelis de Vasconcelhos *Cancionero da Ajuda*, como
fruto de la inspiración popular, en especial la que se transcribe como oída
en Vigo, a la página 933 del tomo II, que puede leerse en los *Cantares gallegos*,
aun cuando el vulgo modificó algunas estrofas.

*mas yo afirmo que si hubiera querido, le sería fácil. Era un temperamento por entero musical. De haber tenido una educación a propósito, hubiera sido una tan gran compositora como fue gran poeta. A semejante condición debió, sin duda, que, sin intención —y no como un motivo de simple técnica—, obedeciendo tan solo a la cadencia, que era en ella una facultad dominante, hubiese sido la primera en España en romper con la métrica usual en su tiempo. Causó su innovación tanta sorpresa, que su libro* En las orillas del Sar *fue, por de pronto, mirado, desde este punto de vista, como un atrevimiento indisculpable por unos; para los más, como un enigma. Todos se detuvieron para juzgarlo, concluyendo por confesar que las nuevas combinaciones de que hacía alarde ni las admitía la costumbre ni las comprendía su oído. Sin embargo de ello, las dudas fueron de un momento. Los que rechazaban la novedad y los que con ella asentían callaron; pero pronto vinieron otros que, rompiendo también con lo establecido, la siguieron en la innovación, y quedó esta sancionada.*

*Aun cuando había en ello alguna gloria para quien había hecho tan importante conquista, ni se advirtió el triunfo, ni gozó de él la infortunada. Se necesitó que un joven escritor de nuestros días, dolido de la injusticia, se adelantase a quejarse del hecho, proclamándola como* precursora *de la reforma por ella iniciada sencilla, instintivamente, sin ánimo de constituir escuela, y sólo porque, como tan gran música, le estaba permitido romper con los viejos moldes, ensanchando los dominios de la métrica castellana. En pago, sin pararse en más, la crítica de entonces le echó en cara, como una gran falta, la de* adoptar metros inusitados y combinaciones nuevas, *en lo cual, ciertamente, no había pecado alguno.*

*Por su mal, en esto como en todo necesitó que la muerte la tomase para sí, empezando desde ese momento la forzosa reparación de los olvidos e indiferencias con que algunas almas mezquinas trataron de envolverla antes, después, a todas horas. Porque en cuanto a ver amada su obra de consuelo por sus paisanos ausentes, en especial por los pobres desterrados en América, de ese sí que gozó en toda su plenitud. Nada pudo hacerlo menos. A ellos debió en vida el cariño y entusiasmo con que recibían sus obras; a ellos, el único*

*amparo que tuvo en sus días de amarguras; a ellos, casi,
el monumento en que descansa. Fue triunfo que ninguna
mala voluntad pudo hacer menos —cuantos trataron de sus
versos en gallego—, ni aun la de aquellos que se apresuraron
a amenguarlo, no hallando en los frutos de su inspiración
más que asuntos secundarios de escaso empeño y mérito
relativo, porque según ellos, cuanto toca a la gente campesina
era de por sí mismo inferior y el lenguaje en que se expresaba
el poeta, inferior también. Mas viéndola después escribir
sus versos en castellano, rompiendo victoriosamente los viejos
moldes de la métrica castellana, entonces se aprovecharon
de la sorpresa que causó la novedad para herirla, haciendo
menos la esencia que encerraba como en vaso sellado.*

*Casi se negó a Lamartine el derecho de recordar a su madre
y ensalzarla con el amor y cariño que una madre merece.
¿Qué no se diría de un marido que, hablando de su esposa, lo
hiciera con el interés que la realidad de los hechos y la pasión
pondrían en sus labios? No me dejarían siquiera repetir las
palabras de Daudet, refiriéndose a su bien amada compañera:
"¡Y es tan buena, tan sencilla, tan poco literata!..." Y, por
cierto, que si a alguna otra escritora pudiera aplicarse tan
breve como envidiable triunfo, a ninguna con mayor justicia
que a Rosalía.*

*Confieso que sería para mí como cosa sagrada hablar
con toda extensión de quien en este mundo fue tan buena,
tan modesta, y conmigo en conformidad con la desgracia,
que ni en sus mayores tribulaciones salió de sus labios una
queja, ni le faltó jamás el valor para arrostrar las penas
que le devoraban cuerpo y alma. Es más: si fuera preciso,
no temería atraer sobre mí los juicios contrarios, con tal
que no la hiriesen al mismo tiempo. Mas ella no merecía
esta nueva prueba. Igual a aquellas puras almas de mujer
que en la soledad del claustro y en el rigor de las austeridades
dejaron al mundo el perdurable ejemplo de su santidad,
dejó ella entre los suyos el de su valor para soportar las
amarguras, las injusticias que hicieron sangrar su corazón.
¿Cómo han de ir las que se llamaran indiscreciones del marido
a renovar las mal cerradas llagas, cuando ya goza de la paz
de la muerte?*

*Habrá, sin embargo, quien diga: "Cállese cuanto se refiere a la mujer de su casa: a nosotros nos basta saber cuanto importa a la escritora. Olvide cuanto a él toca, y hablemos de lo que desean saber los demás". En realidad así debiera, si las presentes líneas fuesen algo más que un doloroso recuerdo. Después de los años que reposa en su sepulcro, y borrado de todo rastro, no es extraño que para juzgar su obra se desee penetrar en lo oculto de su vida. Por fortuna, si son desconocidos, si para todos están olvidados los hechos y hasta la memoria de ellos, quien pretenda penetrar en lo íntimo de aquel vaso de elección, si se permite decirlo así, puede leer sus versos. En ellos se reflejan su alma y el alma colectiva de su país. Transparentan las penas que la afligieron y las amarguras soportadas con aquel estoicismo que le hizo exclamar: "San Agustín dice que Dios no manda amar las tribulaciones, sino sufrirlas: y esto es muy lógico", añadía en una de sus cartas, escritas en momentos de prueba.*

*¡Y bien hondas e inacabables las sufrió la infortunada!*

\*

*Después de todo, la vida de una mujer, por muy ilustre que sea, es siempre bien sencilla. La de Rosalía, como la de cuantos se hallan en su caso, se limita a dos fechas: la de su nacimiento y la de su muerte; lo demás sólo importa a los suyos. Nació nuestra escritora en Santiago de Galicia el 21 de febrero de 1837 y falleció en Iria (Padrón) el 15 de julio de 1885. ¡Breve existencia en verdad! La muerte la hirió en la plenitud de la vida, cuando libre al fin de los cuidados del para ella dulcísimo yugo de la crianza de sus hijos, podía prometerse un descanso. Boa te fía quen seus fillos cría, dice el adagio gallego, y en verdad que nadie podía decirlo como ella, pues todo su amor, todo su cuidado, todos sus afanes puso en la crianza de aquellos hijos de su corazón, quienes no la dejaban momento libre para otra cosa. ¡Santo ministerio, ocupación amorosísima!*

*En su indiferencia por los triunfos literarios, nada le importaba que estos se apagasen. Confiaba, sin embargo, en que no habiendo dicho todavía todo de lo que se sentía* capaz, aún podría aprovechar el descanso y quietud que debía llenar sus horas, cuando en la plenitud de sus facultades, dueña de sus "gloriosos empeños", le fuese posible producir y legar a la posteridad los logrados frutos de su genio. No lo quiso el Cielo. Al cerrar sus ojos para siempre, pudo muy bien exclamar, pues estaba por entero en conformidad con ellas, estas amargas palabras: "¡Oh desgraciada raza humana!: el reposo te es desconocido, y solamente gozas de él cuando devoras el polvo del sepulcro. ¡Amargo, amargo es este reposo! ¡Duerme, difunto! Llora tú, el que sobrevives!"

En el eterno reposo, muchos de los suyos la habían precedido. En el cementerio en que tuvo momentáneo asilo descansaban mezclados con los que habían sido sus servidores. Nada los diferenciaba. Unidos, igualados por la muerte, el señor y el campesino dormían el mismo sueño en una misma tierra.

Desde las ventanas de su casa veía Rosalía el atrio y los olivos que lo sombreaban, y dirigía diariamente hacia aquellas soledades sus recuerdos y sus oraciones, bien ajena por cierto, de que pronto hallaría allí su sepultura. Poco tiempo antes, como quien une en santo amor la memoria y los efectos pasados, quiso que se cantase una misa por todos ellos en aquella iglesia solitaria —ella también ejemplo de lo pasajeras de las grandezas humanas—, y allá fue a oírla. Yo la vi marchar rodeada de todos sus hijos, por la vía inundada de sol, de paz y de la hermosura de que están llenos unos campos que amó como si le hubiesen tocado en herencia. Al salir del templo besó una sepultura y con ella cuantas en el atrio encerraban algo suyo, y entró después en su casa contenta porque había orado por los que tenían en su corazón, y eran de su sangre, derecho a sus plegarias.

\*

No muy lejos de aquellos lugares, para ella sagrados, al pie del "altivo Miranda", se levanta la casa solariega de los Castro, en donde arraigó la noble estirpe de la cual procedía. Puede afirmarse que allí nació Juan Rodríguez de Padrón, el primer poeta que tuvo Galicia en el siglo XVI, así como ella lo fue en el XIX. Todavía se conserva en el viejo

*palacio un arco ojivo que declara la antigüedad del solar
y el poder que desde aquella morada se ejerció en otros
tiempos. Como suyo lo tuvo el glorioso autor de* El siervo
libre *de amor, en cuyas páginas se halla la primera, exacta,
más curiosa y más importante de las descripciones de los
campos que rodean la vieja Iria, a la manera que* En las
orillas del Sar *se recuerda y ensalzan en versos inimitables.*

*Y era que en su sangre llevaba el amor a aquellos lugares
y gentes que los poblaban. Gracias a este sentimiento que
dominaba todo su ser, instintivamente asimilaba cuanto
había en lo exterior y le interesaba por modo excepcional.
Así sorprendía y expresaba —con el poder de una victoriosa
sugestión— los misterios del alma campesina. ¿Quiénes
habían sido los que desde lo alto del viejo palacio de Arretén
habían dominado sobre aquellos campos? Lo ignoraba.
Sabía que era cosa suya y los ponía a su lado. Ajena a todo
género de vanidades, esto le bastaba.*

*Aun sin ello, cuanto la rodeaba venía a cada momento
a hablarle de sus horas felices y de lo que interesaba a su
corazón. Recordándole las dichas pasadas y las penas que la
atormentaban, unía en su memoria los gloriosos hechos de sus
antepasados y el abismo de dolor en que había caído. Y pues
aquellas soledades y hombres que las hacían fértiles las veía
como cosa propia, en la conmiseración que le inspiraban vertía
toda su alma. En su gran piedad envolvió a cuantos sufrían
en su tierra las inclemencias del cielo y las del infortunio.*

*Su obra fue por ello una obra de piedad y de renovación.
Aplaudida, amada, es en realidad una reivindicación de la
tierra gallega. ¿Cómo extrañar que su nombre fuera citado
a cada momento con verdadero cariño, cuando sus versos,
impregnados de los sentimientos populares, fueron aceptados
por la musa campesina y sellados por la gente iletrada con
sello imborrable? Esta compenetración de su obra con el
alma de su gente fue desde el primer momento tan visible,
que un poeta de su tierra, de su barrio casi, pudo decir con
verdad en la hermosa composición que le dedicó:* [1]

---

[1] Alejandro Miguens Parrado, en la hermosa poesía en elogio de su
paisana, publicada en el *Almanaque Gallego,* de Buenos Aires, para el año
de 1909.

*Todo el genio de su raza palpitaba en sus endechas;*
*eran bellas... ¡y a las almas se prendieron como flechas!;*
*eran santas..., ¡y Galicia de rodillas las oyó!*

*

A pesar de ello, estaba escrito que las demostraciones de estimación pública y las de los que más la distinguían no habían de llegar todas a su conocimiento, ni a su hora, ni a su corazón. El mismo día de su muerte se recibió en su casa La Rassegna Nazionale, *notable revista de Florencia, que contenía un breve, pero notable juicio de sus poesías caste-*llanas En las orillas del Sar, *recientemente publicadas.* "Vorremmo —decía— che qualche gentil donna italiana ce ne regalase una traduzione, per che solo una donnapuo degnamente entendere e interpretare cosi pura ed eletta poesía." *Y esto cuando en España el más benévolo de sus críticos, reflejando sinceramente la opinión de los que se tenían por entendidos, consignaba en un artículo que se había* "encontrado en sus composiciones algo a que no se hallaba acostumbrado su oído y las han acusado de falta de armonía".

Se necesitó que pasasen más de veinte años para que, al fin, se le hiciese justicia y se la señalase como La Precursora *en un estudio en que, abordando el tema de la modificación que sufrió en estos días casi la antigua métrica castellana, que ella había iniciado, y para que en el artículo en cuestión se añadiese que el volumen de sus versos castellanos* "es uno de los más singulares de nuestra poesía", *es decir, de la poesía española.*

Sin duda no bastaban las contrariedades sufridas y hubo de soportarlas mayores para su corazón. Las páginas que le hemos consagrado en nuestro libro Los precursores *no supo siquiera que se habían escrito. Pensaba sorprenderla con ellas, y sólo sirvieron para decir el día de su muerte lo que perdía Galicia al desaparecer para siempre aquella alma verdaderamente superior. Hubiera sido dichosa le-yéndolas, y no se lo permitió su mala fortuna. Sería para ella un gran consuelo, y no lo tuvo. Así todo en su vida.*

*

*Los meses que siguieron a aquel verano, tan lleno para mí de esperanzas que se desvanecían y de temores a cada paso renovados, fueron dolorosos para los suyos, que nos negábamos a creer lo que estaba dispuesto. También lo fue para la infortunada, que se sentía morir. Aun cuando su postración decía a todos que pronto la perderíamos, nos parecía imposible que llegase ese instante. En ocasiones, hasta ella misma, cansada de sufrir, esperaba un milagro. Habiéndose visto tantas veces al pie del sepulcro, esperaba una vez más escapar al peligro: que el Cielo no podía herir tan cruelmente a los que quería con toda su alma y cuya separación veía tan cerca. Aun en esos momentos de angustia, aquella mujer heroica tenía valor para ocultar sus padecimientos, abriendo su alma a la esperanza, más por los suyos, que dejaba en el mayor desamparo, que por ella, pues harto conocía que le faltaban pocos días.*

*Antes de caer para no levantarse más; antes de aceptar resignada el doloroso calvario con que el Cielo quiso probarla, marchó a Carril con los suyos. Quería ver el mar antes de morir: el mar, que había sido siempre, en la Naturaleza, su amor predilecto. Pero en aquellas orillas que le recordaban otras horas felices, se sintió ya tan rendida, que apenas podía dejar su aposento y sentarse a la tarde —antes que el sol se hundiese por completo en las aguas— sobre las piedras del malecón, aspirar los aires salobres y contemplar los ardientes cielos de estío que iluminaron el Poniente. Un mundo de recuerdos la llenaban, y las involuntarias tristezas, que como ráfagas doloridas pasaban ante sus ojos, se templaban para ella viendo a sus hijas reemplazarla en el mundo. Como se había casado joven, Dios le daba el consuelo de verlas crecidas y ser como un rayo de su misma juventud.*

*El día que abandonó el puerto, esperando el carruaje que debía conducirla a la estación, se impacientó porque tardaba en llegar. Ocurriósenos que lo mejor era, aunque breve el trayecto, que fuese por mar. Para ella constituyó tal contratiempo un descanso y una distracción inesperada, aunque llena de los vagos temores que acosan a los que tienen su fin ante la vista. Así y todo, el aire y los rumores de la playa animaron su semblante y nunca me pareció más importante*

# 1

Aunque no alcancen gloria,
pensé, escribiendo libro tan pequeño,
son fáciles y breves mis canciones,
y acaso alcancen mi anhelado sueño.
Pues bien puede guardarlas la memoria     5
tal como, pese al tiempo y la distancia,
y al fuego asolador de las pasiones,
cortas, pero fervientes oraciones.
Por eso son, aunque no alcancen gloria     10
tan fáciles y breves mis canciones.

\* \* \*

3  Este poemilla apareció por primera vez en la 2.ª edición, colocado
a modo de prólogo al libro. No responde al contenido del mismo,
ya que, si bien algunos poemas son breves, no puede decirse de ellos
que sean "fáciles". Tampoco la relación con las "oraciones" parece
apropiada. Posiblemente, la referencia a las plegarias fue lo que movió
al editor a publicarlo, lo mismo que el poema "Tan sólo dudas y
terrores siento", colocado al final, para paliar con esas dos muestras
de religiosidad el aspecto un tanto "irreligioso" del libro.

## 2

### ORILLAS DEL SAR

#### I

A través del follaje perenne
que oir deja rumores extraños,
y entre un mar de ondulante verdura,
amorosa mansión de los pájaros,
     desde mis ventanas veo                    5
     el templo que quise tanto.

     El templo que tanto quise...,
pues no sé decir ya si le quiero,
que en el rudo vaivén que sin tregua
     se agitan mis pensamientos,                    10
     dudo si el rencor adusto
vive unido al amor en mi pecho.

---

  4  N.E.: "Agradable mansión de los pájaros".
  8  N.E.: "Pues no sé decir ya si lo quiero".
  9  Debería decir "que en el rudo vaivén en que sin tregua". Estas faltas
     de concordancia sintáctica son bastante frecuentes en la obra de
     Rosalía.
11-12  Este estado de ánimo es característico de *Follas Novas* y *En las orillas
     del Sar*. La tierra no es ya el objeto de la saudade, ni un refugio para
     el espíritu del poeta. Las causas del dolor son más profundas. Como
     en Rubén, "no hay dolor más grande que el dolor de ser vivo, ni
     mayor pesadumbre que la vida consciente".

## II

Otra vez, tras la lucha que rinde
    y la incertidumbre amarga
del viajero que errante no sabe
    dónde dormirá mañana,
en sus lares primitivos
halla un breve descanso mi alma.

Algo tiene este blando reposo
    de sombrío y de halagüeño,
cual lo tiene, en la noche callada,
    de un ser amado el recuerdo,
que de negras traiciones y dichas
inmensas, nos habla a un tiempo.

Ya no lloro..., y no obstante, agobiado
y afligido mi espíritu, apenas
de su cárcel estrecha y sombría
    osa dejar las tinieblas
    para bañarse en las ondas
    de luz que el espacio llenan.

Cual si en suelo extranjero me hallase,
    tímida y hosca, contemplo
desde lejos los bosques y alturas
    y los floridos senderos
donde en cada rincón me aguardaba
    la esperanza sonriendo.

15

20

25

30

35

## III

Oigo el toque sonoro que entonces
a mi lecho a llamarme venía
con sus ecos que el alba anunciaban,

13  M: ¡Otra vez!
21-24  N.E.: Cual lo tiene la pálida sombra
            De algún adorado muerto
            Que entre cirios y rosas marchitas
            Triste, viene a besarnos en sueños.

mientras, cual dulce caricia,                    40
un rayo de sol dorado
alumbraba mi estancia tranquila.


Puro el aire, la luz sonrosada,
¡qué despertar tan dichoso!
Yo veía entre nubes de incienso,                 45
visiones con alas de oro
que llevaban la venda celeste
de la fe sobre sus ojos...


Ese sol es el mismo, mas ellas
no acuden a mi conjuro;                           50
y a través del espacio y las nubes,
y del agua en los limbos confusos,
y del aire en la azul transparencia,
¡ay!, ya en vano las llamo y las busco.


Blanca y desierta la vía                          55
entre los frondosos setos
y los bosques y arroyos que bordan
sus orillas, con grato misterio
atraerme parece y brindarme
a que siga su línea sin término.                  60


Bajemos, pues, que el camino
antiguo nos saldrá al paso,
aunque triste, escabroso y desierto,
y cual nosotros cambiado,
lleno aún de las blancas fantasmas               65
que en otro tiempo adoramos.

---

47  Obsérvese la denominación "venda celeste", aplicada a la fe. Varias
    veces en la obra de Rosalía encontramos repetido este concepto:
    la fe es como una venda "bienhechora" que impide ver la inutilidad
    y el dolor de la vida.
61-62  N.E.: Bajemos pues, que el camino
              Antiguo, nos saldrá al paso.
63-66  N.E.: Como amigo querido que vuelve
              Desde lejos, y abiertos los brazos
              A alegrar nuestros males presentes
              Recordando los bienes pasados.

## IV

Tras de inútil fatiga, que mis fuerzas agota,
caigo en la senda amiga, donde una fuente brota
      siempre serena y pura,
y con mirada incierta, busco por la llanura                    70
no sé qué sombra vana o qué esperanza muerta,
no sé qué flor tardía de virginal frescura
que no crece en la vía arenosa y desierta.

De la oscura Trabanca tras la espesa arboleda,
gallardamente arranca al pie de la vereda                    75
la Torre y sus contornos cubiertos de follaje,
prestando a la mirada descanso en su ramaje
cuando de la ancha vega por vivo sol bañada
      que las pupilas ciega,
atraviesa el espacio, gozosa y deslumbrada.                    80

Como un eco perdido, como un amigo acento
      que sueña cariñoso,
el familiar chirrido del carro perezoso
corre en alas del viento y llega hasta mi oído
cual en aquellos días hermosos y brillantes                    85
en que las ansias mías eran quejas amantes,
eran dorados sueños y santas alegrías.

Ruge la Presa lejos..., y, de las aves nido,
      Fondóns cerca descansa;
la cándida abubilla bebe en el agua mansa                    90
donde un tiempo he creído de la esperanza hermosa
beber el néctar sano, y hoy bebiera anhelosa

---

67-68 N.E.: "Tras de inútil fatiga que mis fuerzas agota
            Caigo en la senda amiga donde una fuente brota".
  70 N.E.: "Y con mirada incierta busco por la llanura".
  81 N.E.: "Como un eco perdido, con un amigo acento".
  84 N.E.: "Corre en alas del viento, y llega hasta mi oído."
       M: "Corre en alas del viento, y llega hasta mi oído".
  90 N.E.: "La cándida abubilla, bebe en el agua mansa".
       M: "La cándida abubilla bebe en el agua mansa".

las aguas del olvido, que es de la muerte hermano;
donde de los vencejos que vuelan en la altura,
    la sombra se refleja;                95
y en cuya linfa pura, blanca, el nenúfar brilla
por entre la verdura de la frondosa orilla.


V

¡Cuán hermosa es tu vega, oh Padrón, oh Iria Flavia!
Mas el calor, la vida juvenil y la savia
    que extraje de tu seno,               100
como el sediento niño el dulce jugo extrae
    del pecho blanco y lleno,
de mi existencia oscura en el torrente amargo
pasaron, cual barrida por la inconstancia ciega,
una visión de armiño, una ilusión querida,     105
    un suspiro de amor.


De tus suaves rumores la acorde consonancia,
ya para el alma yerta tornóse bronca y dura
    a impulsos del dolor;
secáronse tus flores de virginal fragancia;     110
perdió su azul tu cielo, el campo su frescura,
    el alba su candor.


93-95  N.E.:  Las aguas del olvido que es de la muerte hermano
                  Donde de los vencejos que vuelan en la altura
                  La sombra se refleja.
  96  N.E.:  "Y en cuya linfa pura, blanca, el nenúfar brilla".
         M:  "Y en cuya linfa pura, blanca el nenúfar brilla".
         S:  "Y en cuya linfa pura, blanco el nenúfar brilla".
         Parece que en las primeras ediciones falta una coma o hubo una errata
         y se cambió la *o* final en *a*. Rítmicamente, la solución dada por S pa-
         rece la más acertada ya que se trata de alejandrinos con hemistiquio.
  99  N.E.:  "Mas... el calor... la vida juvenil y la savia"
100-102  N.E.:  Que extraje de tu seno como el sediento niño
                  El dulce jugo extrae del pecho blanco y lleno,
                  De mi amargada vida entre el turbión insano.
108-111  N.E.:  Ya para el alma muerta perdióse y la armonía:
                     Sobre una tierra yerta
                  Secáronse tus flores de virginal fragancia
                  Perdió su azul tu cielo, el campo la alegría.

La nieve de los años, de la tristeza el hielo
constante, al alma niegan toda ilusión amada,
    todo dulce consuelo.             115
Sólo los desengaños preñados de temores,
    y de la duda el frío,
avivan los dolores que siente el pecho mío,
    y ahondando mi herida,
me destierran del cielo, donde las fuentes brotan   120
    eternas de la vida.

## VI

¡Oh tierra, antes y ahora, siempre fecunda y bella!
Viendo cuán triste brilla nuestra fatal estrella,
    del Sar cabe la orilla,
al acabarme, siento la sed devoradora         125
y jamás apagada que ahoga el sentimiento,
y el hambre de justicia, que abate y que anonada
    cuando nuestros clamores los arrebata el viento
    de tempestad airada.

Ya en vano el tibio rayo de la naciente aurora   130
    tras del Miranda altivo,
valles y cumbres dora con su resplandor vivo;
en vano llega mayo de sol y aromas lleno,
con su frente de niño de rosas coronada,
    y con su luz serena:          135
en mi pecho ve juntos el odio y el cariño,
    mezcla de gloria y pena,
mi sien por la corona del mártir agobiada
y para siempre frío y agotado mi seno.

## VII

    Ya que de la esperanza, para la vida mía,   140
    triste y descolorido ha llegado el ocaso,

120   M: "destierran del cielo, donde las fuentes brotan".
126   N.E.: "Y jamás apagada, que ahoga el sentimiento".
127   N.E.: "Y el hambre de justicia que abate y anonada".
135   N.E.: "Y con su luz serena".
140   N.E.: "Ya que de la esperanza para la vida mía".

a mi morada oscura, desmantelada y fría,
        tornemos paso a paso,
porque con su alegría no aumente mi amargura
        la blanca luz del día.                    145


    Contenta el negro nido busca el ave agorera;
bien reposa la fiera en el antro escondido,
en su sepulcro el muerto, el triste en el olvido
        y mi alma en su desierto.

                    * * *
                     3


            Los unos altísimos,
            los otros menores,
    con su eterno verdor y frescura,
            que inspira a las almas
            agrestes canciones,                    5
    mientras gime al chocar con las aguas
    la brisa marina de aromas salobres,
    van en ondas subiendo hacia el cielo
            los pinos del monte.


    De la altura la bruma desciende              10
            y envuelve las copas
    perfumadas, sonoras y altivas
            de aquellos gigantes
            que el Castro coronan;
    brilla en tanto a sus pies el arroyo         15
            que alumbra risueña
            la luz de la aurora,
    y los cuervos sacuden sus alas,
            lanzando graznidos
            y huyendo la sombra.                   20


    El viajero, rendido y cansado,
    que ve del camino la línea escabrosa

6   H: "Mientras gime al rozar con las aguas".

que aún le resta que andar, anhelara,
deteniéndose al pie de la loma,
de repente quedar convertido           25
        en pájaro o fuente,
        en árbol o en roca.

\* \* \*

**4**

Era apacible el día
y templado el ambiente,
y llovía, llovía
callada y mansamente;
y mientras silenciosa                   5
lloraba yo y gemía,
mi niño, tierna rosa,
durmiendo se moría.

Al huir de este mundo, ¡qué sosiego en su frente!
Al verle yo alejarse, ¡qué borrasca en la mía!   10

Tierra sobre el cadáver insepulto
antes que empiece a corromperse..., ¡tierra!

5  I.C.: "Y mientras sordamente".
8  Se refiere a la muerte de su penúltimo hijo, Adriano Honorato Alejandro, que murió a la edad de veinte meses a consecuencia de una
   caída, en noviembre de 1876. Véase Fermín Bouza Brey, "Adriano
   y Valentina, motivaciones inspiradoras de Rosalía de Castro",
   *Cuadernos de Estudios Gallegos*, fasc. LIII, año 1962.
11  J. Naya Pérez ha publicado en *Inéditos de Rosalía*, Santiago de Compostela, 1953 una variante de este poema que copiamos por su interés.
   La forma definitiva es, como puede observarse, más larga, y las
   diferencias son importantes:
        ¡Tierra! sobre el cadáver,
        Antes que empiece a corromperse, ¡tierra!
        Ya el hoyo se ha cubierto... consolaos,
        Pronto ahora en la escoria removida,
        Verde y pujante crecerá la hierba.
        ¿Mas dónde está el que se fue? ¿Sabéis acaso
        Qué ha sido de él? ¡Ah, necios!
        No os ocupéis de lo que al polvo vuelve;
        ¿Qué importan los cadáveres, ¿qué importan
        Cuando algo más que la materia ha muerto?

            No, no es posible que todo
        Todo haya acabado ya:
        No acaba lo que es eterno
        No puede tener fin la inmensidad.

Ya el hoyo se ha cubierto, sosegaos;
bien pronto en los terrones removidos
verde y pujante crecerá la hierba.    15

¿Qué andáis buscando en torno de las tumbas,
torvo el mirar, nublado el pensamiento?
¡No os ocupéis de lo que al polvo vuelve!
Jamás el que descansa en el sepulcro
ha de tornar a amaros ni a ofenderos.    20

¡Jamás! ¿Es verdad que todo
para siempre acabó ya?
No, no puede acabar lo que es eterno,
ni puede tener fin la inmensidad.

Tú te fuiste por siempre; mas mi alma    25
te espera aún con amoroso afán,
y vendrás o iré yo, bien de mi vida,
allí donde nos hemos de encontrar.

Algo ha quedado tuyo en mis entrañas
que no morirá jamás,    30
y que Dios, porque es justo y porque es bueno,
a desunir ya nunca volverá.

En el cielo, en la tierra, en lo insondable
yo te hallaré y me hallarás.
No, no puede acabar lo que es eterno,    35
ni puede tener fin la inmensidad.

———

Algo ha quedado tuyo en mis entrañas
Que no se morirá jamás
Y que Dios, porque es justo y porque es bueno
A desunir ya nunca volverá.

Tú te fuiste para siempre, mas mi alma
Te espera aún con cariñoso afán
Y vendrás o iré yo, bien de mi vida,
Allí donde nos hemos de encontrar.

En la tierra, en el cielo, en lo insondable
Yo te hallaré y me hallarás...
No acaba lo que es eterno
No puede tener fin la inmensidad.

Mas... es verdad, ha partido
para nunca más tornar.
Nada hay eterno para el hombre, huésped
de un día en este mundo terrenal      40
en donde nace, vive y al fin muere,
cual todo nace, vive y muere acá.

\* \* \*

## 5

Una luciérnaga entre el musgo brilla
y un astro en las alturas centellea;
abismo arriba, y en el fondo abismo;
¿qué es al fin lo que acaba y lo que queda?
    En vano el pensamiento      5
indaga y busca en lo insondable, ¡oh ciencia!
Siempre, al llegar al término, ignoramos
qué es al fin lo que acaba y lo que queda.
    Arrodillada ante la tosca imagen,
mi espíritu, abismado en lo infinito,      10
impía acaso, interrogando al cielo
y al infierno a la vez, tiemblo y vacilo.
    ¿Qué somos? ¿Qué es la muerte? La campana
con sus ecos responde a mis gemidos
desde la altura, y sin esfuerzo el llanto      15
baña ardiente mi rostro enflaquecido.
    ¡Qué horrible sufrimiento! ¡Tú tan sólo
lo puedes ver y comprender, Dios mío!

---

37   I.C.: "Sí, sí, es verdad, ha partido".
39   I.C.: "No hay nada eterno para el hombre, huésped".
 5   I.C.: "En vano, en vano, el pensamiento altivo".
 9   Carballo Calero en la edición de *Poesías* considera que aquí empieza
     un nuevo poema, a pesar de que en la 1.ª edición no existe indicio
     de ello. El cotejo con la edición anterior de la *Ilustración Cantábrica*,
     donde aparece como un solo poema, nos ratifica en el criterio unitario.
13   Véase la nota al verso 47 del poema 2.
14   I.C.: "Con su tañir responde a mis gemidos".

¿Es verdad que los ves? Señor, entonces,
　　　piadoso y compasivo　　　　　　　　　　20
vuelve a mis ojos la celeste venda
de la fe bienhechora que he perdido,
y no consientas, no, que cruce errante,
　　　huérfano y sin arrimo,
acá abajo los yermos de la vida,　　　　　　25
más allá las llanadas del vacío.


Sigue tocando a muerto, y siempre mudo
　　　e impasible el divino
rostro del Redentor, deja que envuelto
en sombras quede el humillado espíritu.　　30
　　　Silencio siempre; únicamente el órgano
　　　con sus acentos místicos
resuena allá de la desierta nave
　　　bajo el arco sombrío.


Todo acabó quizás, menos mi pena,　　　　35
　　　puñal de doble filo;
todo, menos la duda que nos lanza
de un abismo de horror en otro abismo.


Desierto el mundo, despoblado el cielo,
enferma el alma y en el polvo hundido　　　40
　　　el sacro altar en donde
se exhalaron fervientes mis suspiros,
　　　en mil pedazos roto
　　　mi Dios, cayó al abismo,
y al buscarle anhelante, sólo encuentro　　45
la soledad inmensa del vacío.


　　　De improviso los ángeles
　　　desde sus altos nichos
de mármol, me miraron tristemente


---

23-24　I.C.: Y no consientas que aterida y huérfana
　　　　　　　cruce errante y sin tino
　　36　I.C.: "Puñal de dobles filos".

y una voz dulce resonó en mi oído:          50
  "Pobre alma, espera y llora
  a los pies del Altísimo;
  mas no olvides que al cielo
nunca ha llegado el insolente grito
de un corazón que de la vil materia        55
y del barro de Adán formó sus ídolos".

* * *

6

  Adivínase el dulce y perfumado
   calor primaveral;
los gérmenes se agitan en la tierra
con inquietud en su amoroso afán,
y cruzan por los aires, silenciosos,        5
átomos que se besan al pasar.

  Hierve la sangre juvenil, se exalta
lleno de aliento el corazón, y audaz
el loco pensamiento sueña y cree
que el hombres es, cual los dioses, inmortal.   10
  No importa que los sueños sean mentira,
   ya que al cabo es verdad
que es venturoso el que soñando muere,
infeliz el que vive sin soñar.

  ¡Pero qué aprisa en este mundo triste    15
   todas las cosas van!
¡Que las domina el vértigo creyérase!
La que ayer fue capullo, es rosa ya,
y pronto agostará rosas y plantas
   el calor estival.                20

* * *

1 Es éste uno de los poemas en los que la influencia de Bécquer es
  evidente; en concreto, de la rima X: "Los invisibles átomos del aire".
9 I.C.: "El pensamiento humano sueña y cree".
14 I.C.: "E infeliz el que vive sin soñar".
15 I.C.: "¡Pero qué aprisa en este mundo loco".
19 I.C.: "Porque bien pronto agostará las flores".

**7**

Candente está la atmósfera;
explora el zorro la desierta vía;
        insalubre se torna
del limpio arroyo el agua cristalina,
        y el pino aguarda inmóvil          5
los besos inconstantes de la brisa

        Imponente silencio
        agobia la campiña;
sólo el zumbido del insecto se oye
en las extensas y húmedas umbrías,          10
        monótono y constante
como el sordo estertor de la agonía.

Bien pudiera llamarse, en el estío,
        la hora del mediodía,
noche en que al hombre, de luchar cansado,          15
        más que nunca le irritan
de la materia la imponente fuerza
y del alma las ansias infinitas.

        Volved, ¡oh, noches del invierno frío,
nuestras viejas amantes de otros días!          20
Tornad con vuestros hielos y crudezas
a refrescar la sangre enardecida
por el estío insoportable y triste...
¡Triste... lleno de pámpanos y espigas!

        Frío y calor, otoño o primavera,          25
¿dónde..., dónde se encuentra la alegría?

---

1   Es una exageración típica de Rosalía, que detesta el calor y la sequedad
    —nunca excesivos en Galicia—. Tenía verdadera incapacidad para
    apreciar paisajes secos. Sus referencias a Castilla suelen ir esmaltadas
    de palabras como "desierto", "quemado", etc. Aquí se refiere, con
    evidente hipérbole, a un día de verano en Galicia.
5   I.C.: "El pino aguarda inmóvil".
17  I.C.: "De la materia la impotente fuerza".

Hermosas son las estaciones todas
para el mortal que en sí guarda la dicha;
mas para el alma desolada y huérfana
no hay estación risueña ni propicia.                    30

* * *
## 8

Un manso río, una vereda estrecha,
un campo solitario y un pinar,
y el viejo puente rústico y sencillo
completando tan grata soledad.

¿Qué es soledad? Para llenar el mundo          5
basta a veces un solo pensamiento.
Por eso hoy, hartos de belleza, encuentras
el puente, el río y el pinar desiertos.

No son nube ni flor los que enamoran;
eres tú, corazón, triste o dichoso,             10
ya del dolor y del placer el árbitro,
quien seca el mar y hace habitable el polo.

* * *
## 9

—Detente un punto, pensamiento inquieto;
        la victoria te espera,
el amor y la gloria te sonríen.
¿Nada de esto te halaga ni encadena?
        —Dejadme solo y olvidado y libre;        5

1  Como en el poema anterior se insiste en la idea de la relatividad
   de los sentimientos. Para Rosalía, en el espíritu del poeta radica la
   alegría o el dolor, la belleza o la fealdad. Es ésta una variante del tema
   de "Los tristes", los seres predestinados al dolor, y también de este
   tema deriva su concepción del amor, que embellece y recrea al objeto
   amado.
4  I.C.: "Completando tan dulce soledad".
7  I.C.: "Por eso hay, hartos de belleza, encuentro".

quiero errante vagar en las tinieblas;
mi ilusión más querida
sólo allí dulce y sin rubor me besa.

\* \* \*

**10**

Moría el sol, y las marchitas hojas
de los robles, a impulso de la brisa,
en silenciosos y revueltos giros
sobre el fango caían:
ellas, que tan hermosas y tan puras          5
en el abril vinieron a la vida.

Ya era el otoño caprichoso y bello.
¡Cuán bella y caprichosa es la alegría!
Pues en la tumba de las muertas hojas
vieron sólo esperanzas y sonrisas.          10

Extinguióse la luz: llegó la noche
como la muerte y el dolor, sombría;
estalló el trueno, el río desbordóse
arrastrando en sus aguas a las víctimas;
y murieron dichosas y contentas...          15
¡Cuán bella y caprichosa es la alegría!

\* \* \*

**11**

Del rumor cadencioso de la onda
y el viento que muge;
del incierto reflejo que alumbra

---

7  Son frecuentes en Rosalía las referencias a bienes íntimos —aquí
    "mi ilusión más querida"— cuya naturaleza deja siempre indetermi-
    nada. A veces se refiere a ellos con un vocabulario de opósitos muy
    cercano al de la mística. Sobre este punto puede verse mi libro, ya
    citado en el Prólogo, *La poesía de Rosalía*, pp. 211-227.
9  I.C.: "Pues entre tantas tumbas de hojas muertas".
13  I.C.: "Estalló el trueno y desbordóse el río".
15  I.C.: "Y murieron dichosos y contentos".

la selva o la nube;
del piar de alguna ave de paso;                    5
del agreste ignorado perfume
que el céfiro roba
al valle o a la cumbre,
mundos hay donde encuentran asilo
las almas que al peso                    10
del mundo sucumben.

\* \* \*

## 12

### MARGARITA

#### I

¡Silencio, los lebreles
de la jauría maldita!
No despertéis a la implacable fiera
que duerme silenciosa en su guarida.
¿No veis que de sus garras                    5
penden gloria y honor, reposo y dicha?

Prosiguieron aullando los lebreles...
—¡los malos pensamientos homicidas! —
y despertaron la temible fiera...
—¡la pasión que en el alma se adormía!—                    10
Y ¡adiós! en un momento,
¡adiós gloria y honor, reposo y dicha!

#### II

Duerme el anciano padre, mientras ella
a la luz de la lámpara nocturna

8  I.C.: "Al valle o la cumbre".
5  N.E.: "No veis que de sus garras ponzoñosas".
10  Obsérvese cómo el afán aclaratorio de Rosalía la lleva a repetir el
    término real de las metáforas "lebreles" y "temible fiera". Es un
    rasgo habitual en su poesía.

contempla el noble y varonil semblante 15
que un pesado sueño abruma.

Bajo aquella triste frente
que los pesares anublan,
deben ir y venir torvas visiones,
negras hijas de la duda. 20

Ella tiembla…, vacila y se estremece…
¿De miedo acaso, o de dolor y angustia?
Con expresión de lástima infinita,
no sé qué rezos murmura.
Plegaria acaso santa, acaso impía, 25
trémulo el labio a su pesar pronuncia,
mientras dentro del alma la conciencia
contra las pasiones lucha.

¡Batalla ruda y terrible
librada ante la víctima, que muda 30
duerme el sueño intranquilo de los tristes
a quien ha vuelto el rostro la fortuna!

Y él sigue en reposo, y ella,
que abandona la estancia, entre las brumas
de la noche se pierde, y torna al alba, 35
ajado el velo…, en su mirar la angustia.

Carne, tentación, demonio,
¡oh!, ¿de cuál de vosotros es la culpa?
¡Silencio…! El día soñoliento asoma
por las lejanas alturas, 40
y el anciano despierto, ella risueña,
ambos su pena se ocultan,
y fingen entregarse indiferentes
a las faenas de su vida oscura.

38   N.E.: "¡Oh! ¿cuál, cuál de vosotros es la culpa?"
42   N.E.: "Ambos su mal ocultan".

### III

La culpada calló, mas habló el crimen...    45
Murió el anciano, y ella, la insensata,
siguió quemando incienso en su locura,
de la torpeza ante las negras aras,
hasta rodar en el profundo abismo,
fiel a su mal, de su dolor esclava.    50

¡Ah! Cuando amaba el bien, ¿cómo así pudo
hacer traición a su virtud sin mancha,
malgastar las riquezas de su espíritu,
vender su cuerpo, condenar su alma?
Es que en medio del vaso corrompido    55
donde su sed ardiente se apagaba,
de un amor inmortal los leves átomos,
sin mancharse, en la atmósfera flotaban.

* * *

### 13

Sedientas las arenas, en la playa
sienten del sol los besos abrasados,
y no lejos, las ondas, siempre frescas,
ruedan pausadamente murmurando.

Pobres arenas, de mi suerte imagen:    5
no sé lo que me pasa al contemplaros,
pues como yo sufrís, secas y mudas,
el suplicio sin término de Tántalo.

Pero ¿quién sabe...? Acaso luzca un día
en que, salvando misteriosos límites,    10

---

53  N.E.: "Derrochar las riquezas de su espíritu".
58  Es un poema característico de la visión del amor en Rosalía: la mujer
    es una víctima. El amor pasión es algo que mancha y envilece. La
    mujer sólo vergüenza y dolor —ningún placer— va a sacar de la
    aventura. Obsérvese la abundancia de sentimientos negativos que
    experimenta la protagonista: duda, angustia, miedo, dolor... Nótese
    también la justificación de la mujer: actúa impulsada por unos
    "leves átomos" de un "amor inmortal".
 9  N.E.: "Pero quién sabe... acaso luzca un día".

avance el mar y hasta vosotras llegue
a apagar vuestra sed inextinguible.

¡Y quién sabe también si tras de tantos
siglos de ansias y anhelos imposibles,
saciará al fin su sed el alma ardiente                    15
donde beben su amor los serafines!

* * *

**14**

LOS TRISTES

I

De la torpe ignorancia que confunde
    lo mezquino y lo inmenso;
de la dura injusticia del más alto,
de la saña mortal de los pequeños,
no es posible que huyáis cuando os conocen          5
y os buscan, como busca el zorro hambriento
a la indefensa tórtola en los campos;
        y al querer esconderos
de sus cobardes iras, ya en el monte,
en la ciudad o en el retiro estrecho,                   10
¡*ahí va!*, exclaman, ¡*ahí va!*, y allí os insultan
y señalan con íntimo contento
cual la mano implacable y vengativa
señala al triste y fugitivo reo.

16  En N.E. hay una estrofa más:
                Sujeto a la materia el triste espíritu,
                En vanos pensamientos se desata,
                ¡Quién se extraña que sueñe el prisionero
                Que ha roto las cadenas que le ataban!
                Del monte al llano, de la tierra al cielo,
                Del placer al dolor, corre perdido.
                ¡Oh Dios! deja que al cabo en ti descanse,
                El pobre y fatigado peregrino!
 1  N.E.: "De la ignorancia que confunde torpe".
 5  M.: "¡No es posible que huyais! cuando os conocen".
 7  N.E.: "A la indefensa tórtola en las eras".
12  N.E.: "Y delatan con íntimo contento".
14  N.E.: "Delata al triste y fugitivo reo".

# ROSALÍA DE CASTRO DE MURGUÍA

## *(1837 - 1885)*

Retrato de Rosalía, por Maside.
(Cortesía de ed. Galaxia).

Don Manuel Murguía, por Castelao.
(Colección de D. Domingo García Sabell).

II

Cáyó por fin en la espumosa y turbia      15
recia corriente, y descendió al abismo
para no subir más a la serena
y tersa superficie. En lo más íntimo
del noble corazón ya lastimado,
resonó el golpe doloroso y frío      20
        que ahogando la esperanza
hace abatir los ánimos altivos,
y plegando las alas torvo y mudo,
en densa niebla se envolvió su espíritu.

III

Vosotros, que lograsteis vuestros sueños,      25
¿qué entendéis de sus ansias malogradas?
Vosotros, que gozasteis y sufristeis,
¿qué comprendéis de sus eternas lágrimas?
        Y vosotros, en fin, cuyos recuerdos
son como niebla que disipa el alba,      30
¡qué sabéis del que lleva de los suyos
la eterna pesadumbre sobre el alma!

IV

Cuando en la planta con afán cuidada
la fresca yema de un capullo asoma,
lentamente arrastrándose entre el césped,      35
le asalta el caracol y la devora.

        Cuando de un alma atea,
en la profunda oscuridad medrosa
brilla un rayo de fe, viene la duda
y sobre él tiende su gigante sombra.      40

18   N.E.: "Y lisa superficie. En lo más íntimo".
27   N.E. y M.: "Vosotros que gozasteis si sufristeis".
      H.: "Vosotros que gozasteis y sufristeis".
30   N.E.: "Se borran como brumas de alborada".
37   N.E.: "Cuando de un alma que hizo atea el odio".

## V

En cada fresco brote, en cada rosa erguida,
cien gotas de rocío brillan al sol que nace;
mas él ve que son lágrimas que derraman los tristes
al fecundar la tierra con su preciosa sangre.

Henchido está el ambiente de agradables aromas,    45
las aguas y los vientos cadenciosos murmuran;
mas él siente que rugen con sordo clamoreo
de sofocados gritos y de amenazas mudas.

¡No hay duda! De cien astros nuevos, la luz radiante
hasta las más recónditas profundidades llega;    50
    mas sus hermosos rayos
jamás en torno suyo rompen la bruma espesa.

De la esperanza, ¿en dónde crece la flor ansiada?
Para él, en dondequiera al retoñar se agosta,
ya bajo las escarchas del egoísmo estéril,    55
o ya del desengaño a la menguada sombra

¡Y en vano el mar extenso y las vegas fecundas,
los pájaros, las flores y los frutos que siembran!
Para el desheredado, sólo hay bajo del cielo
esa quietud sombría que infunde la tristeza.    60

## VI

Cada vez huye más de los vivos,
cada vez habla más con los muertos,
y es que cuando nos rinde el cansancio
    propicio a la paz y al sueño,
    el cuerpo tiende al reposo,    65
    el alma tiende a lo eterno.

---

43  La figura de "el triste" es una creación de Rosalía que aparece ya en
    *Cantares Gallegos*, en el poema "Campanas de Bastabales". Simboliza
    al hombre predestinado al dolor desde su nacimiento.
47  N.E.: "Mas él oye que rugen con sordo clamoreo".
51  N.E.: "Más angustiado él siente que sus hermosos rayos".

## VII

Así como el lobo desciende a poblado,
si acaso en la sierra se ve perseguido,
huyendo del hombre que acosa a los tristes,
buscó entre las fieras el triste un asilo.          70

El sol calentaba su lóbrega cueva,
piadosa velaba su sueño la luna,
el árbol salvaje le daba sus frutos,
la fuente sus aguas de grata frescura.

Bien pronto los rayos del sol se nublaron,          75
la luna entre brumas veló su semblante,
secóse la fuente, y el árbol nególe,
al par que su sombra, sus frutos salvajes.

Dejando la sierra buscó en la llanura
de otro árbol el fruto, la luz de otro cielo;       80
y a un río profundo, de nombre ignorado,
pidióle aguas puras su labio sediento.

¡Ya en vano!, sin tregua siguióle la noche,
la sed que atormenta y el hambre que mata;
¡ya en vano!, que ni árbol, ni cielo, ni río,       85
le dieron su fruto, su luz, ni sus aguas.

Y en tanto el olvido, la duda y la muerte
agrandan las sombras que en torno le cercan,
allá en lontananza la luz de la vida,
hiriendo sus ojos feliz centellea.                  90

---

74  N.E.: "La fuente sus aguas de sana frescura".
86  Esta idea de la privación de los dones comunes a todos los mortales,
    que es como un subtema de "los tristes", aparece varias veces en
    Rosalía. Una de sus más bellas expresiones está en el poema de *Follas
    Novas* "¡Qué praacidamente brilan!":

> Sí..., para todos un pouco
> de aire, de luz, de calor...
> Mais si para todos hai,
> para min, non          (*Poesías*, 194).

90  N.E. A continuación de este verso, y antes de la estrofa final, se su-
    primieron los cuatro versos siguientes en la 1.ª ed.:

Dichosos mortales a quien la fortuna
fue siempre propicia... ¡Silencio!, ¡silencio!,
si veis tantos seres que corren buscando
las negras corrientes del hondo Leteo.

* * *

**15**

LOS ROBLES

I

Allá en tiempos que fueron, y el alma
han llenado de santos recuerdos,
de mi tierra en los campos hermosos,
la riqueza del pobre era el fuego,                    5
que al brillar de la choza en el fondo,
calentaba los rígidos miembros
por el frío y el hambre ateridos
              del niño y del viejo.

De la hoguera sentados en torno,
en sus brazos la madre arrullaba              10
              al infante robusto;
daba vuelta, afanosa la anciana
en sus dedos nudosos, al huso,
y al alegre fulgor de la llama,
ya la joven la harina cernía,                    15
              o ya desgranaba
con su mano callosa y pequeña,
del maíz las mazorcas doradas.

---

¿A dónde irá el triste del mundo arrojado?
¿Hambriento, desnudo, sin agua y sin sol?
Ni cabe en la tierra, ni ciego de cólera
En otro Dios cree que el mal y el dolor.
  2   N.E.: "Han llenado de tantos recuerdos".
11-13  N.E.: Al infante robusto: afanosa
          Daba vueltas la débil anciana
          En sus dedos nudosos al huso.

Y al amor del hogar calentándose
en invierno, la pobre familia                      20
campesina, olvidaba la dura
condición de su suerte enemiga;
y el anciano y el niño, contentos
en su lecho de paja dormían,
como duerme el polluelo en su nido      25
cuando el ala materna le abriga.


II


Bajo el hacha implacable, ¡cuán presto
        en tierra cayeron
        encinas y robles!;
y a los rayos del alba risueña,              30
        ¡qué calva aparece
        la cima del monte!


Los que ayer fueron bosques y selvas
        de agreste espesura,
donde envueltas en dulce misterio        35
        al rayar el día
        flotaban las brumas,
y brotaba la fuente serena
entre flores y musgos oculta,
hoy son áridas lomas que ostentan        40
        deformes y negras
        sus hondas cisuras.


Ya no entonan en ellas los pájaros
sus canciones de amor, ni se juntan
cuando mayo alborea en la fronda        45
que quedó de sus robles desnuda.
Sólo el viento al pasar trae el eco
        del cuervo que grazna,
        del lobo que aúlla.

## III

Una mancha sombría y extensa                    50
borda a trechos del monte la falda,
semejante a legión aguerrida
que acampase en la abrupta montaña
        lanzando alaridos
        de sorda amenaza.                        55

Son pinares que al suelo, desnudo
de su antiguo ropaje, le prestan
con el suyo el adorno salvaje
que resiste del tiempo a la afrenta
y corona de eterna verdura                       60
        las ásperas breñas.

Árbol duro y altivo, que gustas
de escuchar el rumor del Océano
y gemir con la brisa marina
de la playa en el blanco desierto,               65
¡yo te amo!, y mi vista reposa
con placer en los tibios reflejos
que tu copa gallarda iluminan
cuando audaz se destaca en el cielo,
despidiendo la luz que agoniza,                  70
saludando la estrella del véspero.

Pero tú, sacra encina del celta,
y tú, roble de ramas añosas,
sois más bellos con vuestro follaje
que si mayo las cumbres festona                  75
salpicadas de fresco rocío
donde quiebra sus rayos la aurora,
y convierte los sotos profundos
        en mansión de gloria.

75-77  N.E.: Que si en Mayo las cumbres festona
             Vaporoso cual gasa ligera
             De diamantes bordada y de rosas.
  79   N.E.: "En mansión de gloria".

Más tarde, en otoño                    80
cuando caen marchitas tus hojas,
¡oh roble!, y con ellas
generoso los musgos alfombras,
¡qué hermoso está el campo;
la selva, qué hermosa!                  85

Al recuerdo de aquellos rumores
que al morir el día
se levantan del bosque en la hondura
cuando pasa gimiendo la brisa
y remueve con húmedo soplo             90
tus hojas marchitas
mientras corre engrosado el arroyo
en su cauce de frescas orillas,
estremécese el alma pensando
dónde duermen las glorias queridas      95
de este pueblo sufrido, que espera
silencioso en su lecho de espinas
que suene su hora
y llegue aquel día
en que venza con mano segura,          100
del mal que le oprime,
la fuerza homicida.


## IV


Torna, roble, árbol patrio, a dar sombra
cariñosa a la escueta montaña
donde un tiempo la gaita guerrera       105
alentó de los nuestros las almas
y compás hizo al eco monótono
del canto materno,
del viento y del agua,
que en las noches de invierno al infante  110
en su cuna de mimbre arrullaban.
Que tan bello apareces, ¡oh roble!
de este suelo en las cumbres gallardas

y en las suaves graciosas pendientes
donde umbrosas se extienden tus ramas,          115
como en rostro de pálida virgen
cabellera ondulante y dorada,
    que en lluvia de rizos
    acaricia la frente de nácar.

  ¡Torna presto a poblar nuestros bosques;          120
y que tornen contigo las hadas
que algún tiempo a tu sombra tejieron
    del héroe gallego
    las frescas guirnaldas!

* * *
**16**

  Alma que vas huyendo de ti misma,
¿qué buscas, insensata, en las demás?
Si secó en ti la fuente del consuelo,
secas todas las fuentes has de hallar.
  ¡Que hay en el cielo estrellas todavía,          5
y hay en la tierra flores perfumadas!
    ¡Sí…! Mas no son ya aquellas
que tú amaste y te amaron, desdichada.

* * *
**17**

    Cuando recuerdo del ancho bosque
      el mar dorado
de hojas marchitas que en el otoño
agita el viento con soplo blando,

115  N.E.: "Que la vista encantan".
124  En N.E. junto a la firma de Rosalía, este poema lleva fecha: "Padrón,
     agosto 1882". La fecha del periódico es 10 de octubre de ese mismo año.
  3  En castellano es más frecuente la construcción reflexiva del verbo
     secar, no así en gallego, donde funciona como transitivo. Se trata
     muy probablemente de una influencia de la lengua materna de la
     autora.
     H.: "si en ti secó".

tan honda angustia nubla mi alma,                5
    turba mi pecho,
que me pregunto: "¿Por qué tan terca,
tan fiel memoria me ha dado el cielo?"

* * *
**18**

Del antiguo camino a lo largo,
ya un pinar, ya una fuente aparece,
que brotando en la peña musgosa
con estrépito al valle desciende.
Y brillando del sol a los rayos                5
entre un mar de verdura se pierden,
dividiéndose en limpios arroyos
que dan vida a las flores silvestres
y en el Sar se confunden, el río
que cual niño que plácido duerme,                10
reflejando el azul de los cielos,
lento corre en la fronda a esconderse.

No lejos, en soto profundo de robles,
en donde el silencio sus alas extiende,
y da abrigo a los genios propicios,                15
a nuestras viviendas y asilos campestres,
siempre allí, cuando evoco mis sombras,
o las llamo, respóndenme y vienen.

* * *
**19**

Ya duermen en su tumba las pasiones
    el sueño de la nada;
¿es, pues, locura del doliente espíritu,

17  "Las sombras" son una creación de Rosalía. Con este nombre designa
a los seres muertos que siguen manteniendo comunicación con el
mundo de los vivos. Son una categoría especial de seres ultraterrenos,
al margen de las creencias religiosas cristianas. Participan de las
cosas de la vida y mantienen sentimientos terrenales.

o gusano que llevo en mis entrañas?
    Yo sólo sé que es un placer que duele,    5
que es un dolor que atormentando halaga,
llama que de la vida se alimenta,
mas sin la cual la vida se apagara.

\* \* \*

**20**

    Creyó que era eterno tu reino en el alma,
y creyó tu esencia, esencia inmortal;
      mas, si sólo eres nube que pasa,
      ilusiones que vienen y van,
rumores del onda que rueda y que muere    5
y nace de nuevo y vuelve a rodar,
todo es sueño y mentira en la tierra,
    ¡no existes, verdad!

\* \* \*

**21**

    Ya siente que te extingues en su seno,
      llama vital, que dabas
luz a su espíritu, a su cuerpo fuerzas,
      juventud a su alma.

    Ya tu calor no templará su sangre,    5
      por el invierno helada,
ni harás latir su corazón, ya falto
      de aliento y de esperanza.

      Mudo, ciego, insensible,
      sin goces ni tormentos,    10

---

**19.** 8  Obsérvese la técnica de opósitos, típica de la poesía amorosa y mística, para referirse a la indefinible vivencia que experimenta.
**21.** 9  En M. el orden de los últimos versos es el siguiente:
        Será cual astro, que apagado y solo
        Perdido va por la extensión del cielo.
        Mudo, ciego, insensible,
        Sin goces ni tormentos.

será cual astro que apagado y solo,
perdido va por la extensión del cielo.

* * *
## 22

No subas tan alto, pensamiento loco,
que el que más alto sube más hondo cae,
ni puede el alma gozar del cielo
mientras que vive envuelta en la carne.

Por eso las grandes dichas de la tierra          5
tienen siempre por término grandes catástrofes.

* * *
## 23

¡Jamás lo olvidaré...! De asombro llena
al escucharlo, el alma refugióse
en sí misma y dudó...; pero al fin, cuando
la amarga realidad, desnuda y triste,
ante ella se abrió paso, en luto envuelta,          5
presenció silenciosa la catástrofe,
cual contempló Jerusalén sus muros
para siempre entre el polvo sepultados.

¡Profanación sin nombre! Dondequiera
que el alma humana, inteligente, rinde          10
culto a lo grande, a lo pasado culto,
esas selvas agrestes, esos bosques
seculares y hermosos, cuyo espeso
ramaje abrigo y cariñosa sombra

---

22. 6  Es un ejemplo del complejo de Polícrates que padecía Rosalía:
creencia de que todo hecho feliz será seguido inevitablemente por
una desgracia. Véase J. Rof Carballo, "Rosalía, ánima galaica"
en *Siete ensayos sobre Rosalía*, Vigo, ed. Galaxia, 1952. La extrañeza
que produce el ritmo de estos versos, que más bien parece de prosa,
se debe a que son todos diferentes; los que tienen el mismo número
de sílabas tienen distinta acentuación.

dieron a nuestros padres, fueron siempre          15
de predilecto amor, lugares santos
que todos respetaron.
              ¡No! En los viejos
robledales umbrosos, que hacen grata
la más yerma región, y de los siglos          20
guardan grabada la imborrable huella
que en ellos han dejado, ¡nunca!, ¡nunca!
con su acerado filo osada pudo
el hacha penetrar, ni con certero
y rudo golpe derribar en tierra,          25
cual en campo enemigo, el árbol fuerte
de larga historia y de nudosas ramas
que es orgullo del suelo que le cría
con savia vigorosa, y monumento
que en sólo un día no levanta el hombre,          30
pues es obra que Dios al tiempo encarga
y a la madre inmortal naturaleza,
artista incomparable.
              Y sin embargo...
¡nada allí quedó en pie! Los arrogantes          35
cedros de nuestro Líbano, los altos
gigantescos castaños, seculares,
regalo de los ojos; los robustos
y centenarios robles, cuyos troncos
de arrugas llenos, monstruos semejaban          40
de ceño adusto y de mirada torva
que hacen pensar en ignorados mundos;
las encinas vetustas, bajo cuyas
ramas vagaron en silencio tantos
tercos, impenitentes soñadores...:          45
¡todo por tierra y asolado todo!
Ya ni abrigo, ni sombra, ni frescura;
los pájaros huidos y espantados
al ver deshecha su morada; el viento

18   N.E.: "No; en los viejos".
22   N.E.: "Que en ellos han dejado, nunca, ¡nunca!
46   N.E.: "Todo por tierra y asolado todo".

gimiendo desabrido, como gime                                    50
en las desiertas lomas donde sólo
áridos riscos a su paso encuentra;
los narcisos y blancas margaritas
que apiñadas brillaban entre el musgo
cual brillan las estrellas en la altura;                         55
los lirios perfumados, las violetas,
los miosotis, azules como el cielo
—y que bordando la ribera undosa
recordábanle al triste enamorado
que de las aguas se sentaba al borde                             60
aquella dulce frase, ¡siempre inútil,
mas repetida siempre!: "*No me olvides*"—,
todo marchito y sepultado todo
sin compasión bajo el terrible peso
de los ya inertes troncos. La corriente                          65
mansa del Sar, entre sus ondas plácidas
arrastrando en silencio los despojos
del sagrado recinto, y de la dura
hacha los golpes resonando huecos,
cual suelen resonar los del martillo                             70
al remachar de un ataúd los clavos...

Ya en el paraje agreste y escondido
que tanto hemos amado, ya en el bello
lugar en donde con afán las almas
buscaban un refugio, y en alegres                                75
bandadas, al llegar la primavera,
en unión de los pájaros, las gentes,
de aire, de flores y de luz ansiosas,
iban a respirar vida y perfumes,
de sus galas más ricas despojado                                 80
hoy se levanta el monasterio antiguo
como triste esqueleto. Aquel tan grato
silencio misterioso que envolvía
los agrietados muros, a regiones
más dichosas quizás huyó ligero                                  85

58  N.E.: "Y que bordando hermosos la ribera".
66  N.E.: "Mansa del Sar, entre sus ondas turbias".
80-85 N.E.: "Ya allí hoy desnudo el monasterio antiguo

en busca de un asilo. Las campanas
de eco vibrante y musical resuenan
de una manera sorda en el vacío
que sin piedad a su alredor hicieron
manos extrañas, y el rumor monótono                    90
de la fuente en el claustro solitario
parece sollozar por los jazmines,
que, cual la nieve blancos, las cornisas
musgosas adornaban, y parece
triste llamar por la aldeana hermosa                   95
que lavaba sus lienzos en el agua
siempre brillante del pilón de piedra
que el roce de sus manos ha gastado
y hoy buscan de otra fuente la frescura.


   ¡Lo vieron y callaron… con silencio              100
que causa asombro y que contrista el alma!


   Si allá donde entre rosas y claveles
arrastra el Turia sus revueltas ondas,
nuestras manos talasen los jardines
que plantaron los suyos, y aman ellos,               105
su labio, al rostro, de desprecio llenas
una tras otra injuria nos lanzaran
—¡Bárbaros! —exclamando.
                              Y si dijésemos
que rosas y claveles perfumados                      110
no valdrán nunca, pese a su hermosura,

De sus galas más ricas, se levanta
Como triste esqueleto. Aquel gratísimo
Misterioso silencio que envolvía
Sus cenicientos muros, alejóse
Cabizbajo, a regiones más umbrosas".

89   N.E.: "Que sin piedad alrededor hicieron".
101   Entre los versos 101 y 102, N.E. incluía los siguientes:
                  "Que causa asombro y que contrista el alma
                  Falta de aliento, al contemplar tan honda
                  Cruel indiferencia, cual si el hielo
                  Que apaga el entusiasmo, por sus venas
                  Perenne circulara, y a la inercia
                  Egoista y fatal de los semitas
                  Por siempre un signo adverso nos atase".

lo que un campo de trigo, y allí en donde
las flores compitieran con las bellas,
arrastrando el arado, la amarilla
mies con afán sembráramos.                            115
                              —Mezquinos
aún más que torpes son —prorrumpirían
los fieros hijos del jardín de España
con rudo enojo levantando el grito.

Mas nosotros, si talan nuestros bosques        120
que cuentan siglos... —¡quedan ya tan pocos!—
y ajena voluntad su imperio ejerce
en lo que es nuestro, cosas de la vida
nos parecen quizás vanas y fútiles
que a nadie ofenden ni a ninguno importan      125
si no es al que las hace, a soñadores
que sólo entienden de llorar sin tregua
por los vivos y muertos... y aun acaso
por las hermosas selvas que sin duelo
indiferente el leñador destruye.                     130

—Pero ¿qué...? alguno exclamará indignado
al oír mis lamentos—. ¿Por ventura
la inmensa torre del reloj se ha hundido
y no hay ya quien señale nuestras horas
soñolientas y tardas, como el eco            135
bronco de su campana formidable;
o en mis haciendas penetrando acaso
osado criminal, ha puesto fuego
a las extensas eras? ¿Por qué gime
así importuna esa mujer?                     140
                    Yo inclino
la frente al suelo y contristada exclamo
con el Mártir del Gólgota: *Perdónales,
Señor, porque no saben lo que dicen;*
mas ¡oh, Señor! a consentir no vuelvas        145

---

122  N.E.: "Y ajena voluntad su sello impone".
126  N.E.: "Si no es al que las hace o a soñadores".

que de la helada indiferencia el soplo
apague la protesta en nuestros labios,
que es el silencio hermano de la muerte
y yo no quiero que mi patria muera,                    150
sino que como Lázaro, ¡Dios bueno!,
resucite a la vida que ha perdido;
y con voz alta que a la gloria llegue,
le diga al mundo que Galicia existe,
tan llena de valor cual tú la has hecho,
tan grande y tan feliz cuanto es hermosa.              155

* * *

## 24

### I

Unos con la calumnia le mancharon,
otros falsos amores le han mentido,
y aunque dudo si algunos le han querido,
de cierto sé que todos le olvidaron.

Solo sufrió, sin gloria ni esperanza,                  5
cuanto puede sufrir un ser viviente;
¿por qué le preguntáis qué amores siente
y no qué odios alientan su venganza?

### II

Si para que se llene y se desborde
el inmenso caudal de los agravios,                     10
quieren que nunca hasta sus labios llegue

---

1   La segunda parte de este poema figuraba en N.E. como independiente,
    formando parte de una serie que publicó el mismo día, 11 de marzo
    de 1883, y que comprendía los siguientes poemas: "Unos con la
    calumnia le mancharon", "Si para que se llene y se desborde", "Camino
    blanco, viejo camino" y "Aún parece que asoman tras del Miranda
    altivo". Los cuatro poemas están separados por asteriscos y no tienen
    entre sí más relación que el haber sido publicados el mismo día.
    Desde la primera edición, sin embargo, los dos primeros se publicaron
    unidos.

más que el duro y amargo
pan, que el mendigo con dolor recoge
    y ablanda con su llanto,
sucumbirá por fin, como sucumben          15
    los buenos y los bravos
cuando en batalla desigual les hiere
la mano del cobarde o del tirano.


Y ellos entonces vivirán dichosos
    su victoria cantando,                 20
como el cárabo canta en su agujero
    y la rana en su charco.
Mas en tanto ellos cantan... —¡muchedumbre
que nace y muere en los paternos campos
siempre desconocida y siempre estéril!—   25
triste la patria seguirá llorando,
    siempre oprimida y siempre
de la ruindad y la ignorancia pasto.


\* \* \*
### 25

En su cárcel de espinos y rosas
cantan y juegan mis pobres niños,
hermosos seres, desde la cuna
por la desgracia ya perseguidos.

En su cárcel se duermen soñando          5
cuán bello es el mundo cruel que no vieron,
cuán ancha la tierra, cuán hondos los mares,
cuán grande el espacio, qué breve su huerto.

Y le envidian las alas al pájaro
que traspone las cumbres y valles,       10
y le dicen: —¿Qué has visto allá lejos,
golondrina que cruzas los aires?

1  N.E.: "En su cárcel llena de zarzas y flores".
6  N.E.: "Cuán bello es el mundo feliz que no vieron".
8  N.E.: "Cuán grande el espacio ¡cuán breve su huerto!
9  N.E.: "Y lo envidian sus alas al pájaro".

Y despiertan soñando, y dormidos
soñando se quedan
que ya son la nube flotante que pasa          15
o ya son el ave ligera que vuela
tan lejos, tan lejos del nido, cual ellos
de su cárcel ir lejos quisieran.

—¡Todos parten! —exclaman—. ¡Tan sólo,
tan sólo nosotros nos quedamos siempre!          20
¿Por qué quedar, madre, por qué no llevarnos
donde hay otro cielo, otro aire, otras gentes?—

Yo, en tanto, bañados mis ojos, les miro
y guardo silencio, pensando: —En la tierra
¿adónde llevaros, mis pobres cautivos,          25
que no hayan de ataros las mismas cadenas?
Del hombre, enemigo del hombre, no puede
libraros, mis ángeles, la egida materna.

* * *

**26**

Ya no mana la fuente, se agotó el manantial;
ya el viajero allí nunca va su sed a apagar.

Ya no brota la hierba, ni florece el narciso,
ni en los aires esparcen su fragancia los lirios.

Sólo el cauce arenoso de la seca corriente          5
le recuerda al sediento el horror de la muerte.

¡Mas no importa!; a lo lejos otro arroyo murmura
donde humildes violetas el espacio perfuman.

Y de un sauce el ramaje, al mirarse en las ondas,
tiende en torno del agua su fresquísima sombra.          10

---

15   N.E.: "Que ya son la nube ligera que pasa".
16   N.E.: "O ya son el ave dichosa que vuela".

El sediento viajero que el camino atraviesa,
humedece los labios en la linfa serena
del arroyo que el árbol con sus ramas sombrea,
y dichoso se olvida de la fuente ya seca.

\* \* \*

### 27

Cenicientas las aguas, los desnudos
árboles y los montes cenicientos;
parda la bruma que los vela y pardas
las nubes que atraviesan por el cielo;
triste, en la tierra, el color gris domina,                    5
      ¡el color de los viejos!

De cuando en cuando de la lluvia el sordo
      rumor suena, y el viento
      al pasar por el bosque
      silba o finge lamentos                    10
tan extraños, tan hondos y dolientes
que parece que llaman por los muertos.

Seguido del mastín, que helado tiembla,
      el labrador, envuelto
en su capa de juncos, cruza el monte;                    15
      el campo está desierto,
y tan sólo en los charcos que negrean
del ancho prado entre el verdor intenso
posa el vuelo la blanca gaviota,
      mientras graznan los cuervos.                    20

      Yo desde mi ventana,
que azotan los airados elementos,
regocijada y pensativa escucho
      el discorde concierto
      simpático a mi alma...                    25
      ¡Oh, mi amigo el invierno!,

17   M.: "y tan sólo a los charcos que negrean".

mil y mil veces bien venido seas,
mi sombrío y adusto compañero.
¿No eres acaso el precursor dichoso
del tibio mayo y del abril risueño?                    30

¡Ah, si el invierno triste de la vida,
como tú de las flores y los céfiros,
también precursor fuera de la hermosa
y eterna primavera de mis sueños...!

* * *

## 28

### I

Era la última noche,
la noche de las tristes despedidas,
y apenas si una lágrima empañaba
          sus serenas pupilas.
          Como el criado que deja                    5
          al amo que le hostiga,
arreglando su hatillo, murmuraba
casi con la emoción de la alegría:

—¡Llorar! ¿Por qué? Fortuna es que podamos
abandonar nuestras humildes tierras;              10
el duro pan que nos negó la patria,
por más que los extraños nos maltraten,
no ha de faltarnos en la patria ajena.

Y los hijos contentos se sonríen,
y la esposa, aunque triste, se consuela           15
          con la firme esperanza
de que el que parte ha de volver por ella.
Pensar que han de partir, ése es el sueño
que da fuerza en su angustia a los que quedan;
cuánto en ti pueden padecer, oh, patria,          20
¡si ya tus hijos sin dolor te dejan!

## II

Como a impulsos de lenta
enfermedad, hoy cien, y cien mañana,
hasta perder la cuenta,
racimo tras racimo se desgrana.                            25

Palomas que la zorra y el milano
a ahuyentar van, del palomar nativo
parten con el afán del fugitivo,
y parten quizá en vano.

Pues al posar el fatigado vuelo                           30
acaso en el confín de otra llanura,
ven agostarse el fruto que madura,
y el águila cerniéndose en el cielo.

\* \* \*

## 29

## ¡VOLVED!

### I

Bien sabe Dios que siempre me arrancan tristes lágrimas
        aquellos que nos dejan,
pero aún más me lastiman y me llenan de luto
        los que a volver se niegan.

¡Partid, y Dios os guíe!..., pobres desheredados,         5
para quienes no hay sitio en la hostigada tierra;
partid llenos de aliento en pos de otro horizonte,
pero... volved más tarde al viejo hogar que os llama.

Jamás del extranjero el pobre cuerpo inerte,
como en la propia tierra en la ajena descansa.           10

29  M.: "y parten quizás en vano".
 6  H.: "Para quienes no hay sitio en la hostigada patria".
10  Rosalía era muy sensible al hecho de ser enterrado en "tierra ajena".
    En *Follas Novas* la vemos lamentar con palabras parecidas el triste
    destino del general inglés Sir John Moore:

## II

Volved, que os aseguro
que al pie de cada arroyo y cada fuente
de linfa transparente
donde se reflejó vuestro semblante,
y en cada viejo muro                                              15
que os prestó sombra cuando niños erais
y jugabais inquietos,
y que escuchó más tarde los secretos
del que ya adolescente
o mozo enamorado,                                                20
en el soto, en el monte y en el prado,
dondequiera que un día
os guió el pie ligero…,
yo os lo digo y os juro
que hay genios misteriosos                                       25
que os llaman tan sentidos y amorosos
y con tan hondo y dolorido acento,
que hacen más triste el suspirar del viento
cuando en las noches del invierno duro
de vuestro hogar que entristeció el ausente,                     30
discurren por los ámbitos medrosos,
y en las eras sollozan silenciosos,
y van del monte al río
llenos de luto y siempre murmurando:
"¡Partieron…! ¿Hasta cuándo?                                     35
¡Qué soledad! ¿No volverán, Dios mío?"
. . . . . . . . . . . . . . . . . . . . . . . . . . . . . . . . .
. . . . . . . . . . . . . . . . . . . . . . . . . . . . . . . . .

Tornó la golondrina al viejo nido,
y al ver los muros y el hogar desierto,
preguntóle a la brisa: —¿Es que se han muerto?
Y ella en silencio respondió: —¡Se han ido                       40

Lonxe caiche, pobre John, da tomba
onde cos teus en descansar pensaras.
En terra allea inda os teus restos dormen.
                                        (*Poesías*, 222)

como el barco perdido
que para siempre ha abandonado el puerto!

\* \* \*

### 30

Camino blanco, viejo camino,
desigual, pedregoso y estrecho,
donde el eco apacible resuena
del arroyo que pasa bullendo,
y en donde detiene su vuelo inconstante,                    5
    o el paso ligero,
de la fruta que brota en las zarzas
buscando el sabroso y agreste alimento,
    el gorrión adusto,
    los niños hambrientos,                    10
    las cabras monteses
    y el perro sin dueño...
Blanca senda, camino olvidado,
¡bullicioso y alegre otro tiempo!,
del que solo y a pie de la vida                    15
va andando su larga jornada, más bello
y agradable a los ojos pareces
cuanto más solitario y más yermo.
Que al cruzar por la ruta espaciosa
donde lucen sus trenes soberbios                    20
los dichosos del mundo, descalzo,
sudoroso y de polvo cubierto,
¡qué extrañeza y profundo desvío
infunde en las almas el pobre viajero!

\* \* \*

### 31

Aún parece que asoman tras del Miranda altivo,
de mayo los albores, ¡y pasó ya septiembre!

10   Entre los versos 10 y 11, N.E. incluía los dos siguientes:
           "El errante mendigo que vaga,
           Al azar sin familia y sin techo".

Aún parece que torna la errante golondrina,
y en pos de otras regiones ya el raudo vuelo tiende.

Ayer flores y aromas, ayer canto de pájaros                    5
y mares de verdura y de doradas mieses;
hoy nubes que sombrías hacia Occidente avanzan,
el brillo del relámpago y el eco del torrente.

Pasó, pasó el verano rápido, como pasa
un venturoso sueño del amor en la fiebre,                      10
y ya secas las hojas en las ramas desnudas,
tiemblan descoloridas esperando la muerte.

¡Ah!, cuando en esas noches tormentosas y largas
la luna brille a intérvalos sobre la blanca nieve,
¡de cuántos, que dichosos ayer la contemplaron,              15
alumbrarán la tumba sus rayos transparentes!

* * *

## 32

Cerrado capullo de pálidas tintas,
modesta hermosura de frente graciosa,
¿por quién has perdido la paz de tu alma?,
¿a quién regalaste la miel de tu boca?

A quien te detesta quizás, y le causan                         5
enojo tus labios de cándido aroma,
porque busca la rosa encendida
que abre al sol de la tarde sus hojas.

* * *

14  N.E.: "La luna brille a intérvalos".
    M.H.: "La luna brille a intervalos".
    Por ser los otros versos de la estrofa alejandrinos, este verso debe
    leerse con acentuación esdrújula en la palabra intervalos. Sale así
    un hemistiquio regular de siete sílabas métricas.
    Este poema aparece en N.E. formando parte de una serie *numerada*,
    cuyas partes son:
        I   Cerrado capullo de pálidas tintas
        II  En sus ojos rasgados y azules
        III Fue cielo de su espíritu, fue sueño de sus sueños

## 33

En sus ojos rasgados y azules,
donde brilla el candor de los ángeles,
ver creía la sombra siniestra
    de todos los males.

En sus anchas y negras pupilas,          5
donde luz y tinieblas combaten,
ver creía el sereno y hermoso
resplandor de la dicha inefable.

Del amor espejismos traidores,
    risueños, fugaces…,          10
cuando vuestro fulgor sobrehumano
se disipa… ¡qué densas, qué grandes
son las sombras que envuelven las almas
a quienes con vuestros reflejos cegasteis!

\* \* \*

## 34

Fue cielo de su espíritu, fue sueño de sus sueños,
y vida de su vida, y aliento de su aliento;
y fue, desde que rota cayó la venda al suelo,
algo que mata el alma y que envilece el cuerpo.

De la vida en la lucha perenne y fatigosa,      5
siempre el ansia incesante y el mismo anhelo siempre;
que no ha de tener término sino cuando, cerrados,
ya duerman nuestros ojos el sueño de la muerte.

\* \* \*

IV    Te amo… ¿por qué me odias?
V    No sé que ando buscando eternamente
VI    Nada me importa, blanca o negra mariposa
VII    Muda la luna y como siempre pálida
VIII    Nos cuentan que se adoran, la aurora y el crepúsculo.
IX    Una sombra tristísima, indefinible y vaga.
En la primera edición aparecen como poemas independientes algunos
de los cuales tiene variantes que recogemos a continuación.
12   N.E. y M.: "Se disipa… ¡qué densas!… ¡qué grandes!"

## 35

—Te amo…: ¿por qué me odias?
Te odio…: ¿por qué me amas?
Secreto es éste el más triste
y misterioso del alma.

    Mas ello es verdad… ¡Verdad          5
dura y atormentadora!
—Me odias, porque te amo;
te amo, porque me odias.

\* \* \*

## 36

Nada me importa, blanca o negra mariposa,
que dichas anunciándome o malhadadas nuevas,
en torno de mi lámpara o de mi frente en torno,
    os agitéis inquietas.

    La venturosa copa del placer para siempre          5
rota a mis pies está,
    rota a mis pies está,
y en la del dolor llena…, ¡llena hasta desbordarse!,
ni penas ni amarguras pueden caber ya más.

\* \* \*

## 37

Muda la luna y como siempre pálida,
mientras recorre la azulada esfera
seguida de su séquito

---

37. 1  En N.E. la primera estrofa consta solamente de cuatro versos, tres
de los cuales son distintos a los de la primera edición:
        "Muda la luna y como siempre pálida
        Mientras recorre su desierto azul,
        Rencorosa despierta en mi memoria
        yo no sé que fantasma con su luz".

de nubes y de estrellas,
rencorosa despierta en mi memoria                    5
yo no sé qué fantasmas y quimeras.

Y con sus dulces misteriosos rayos
derrama en mis entrañas tanta hiel,
que pienso con placer que ella, la *eterna*,
ha de pasar también.                    10

\* \* \*

### 38

Nos dicen que se adoran la aurora y el crepúsculo,
mas entre el sol que nace y el que triste declina,
medió siempre el abismo que media entre la cuna
y el sepulcro en la vida.

Pero llegará un tiempo quizás, cuando los siglos                    5
no se cuenten y el mundo por siempre haya pasado,
en el que nunca tornen tras de la noche el alba
ni se hunda entre las sombras del sol el tibio rayo.

Si de lo eterno entonces en el mar infinito
todo aquello que ha sido ha de vivir más tarde,                    10
acaso alba y crepúsculo, si en lo inmenso se encuentran,
en uno se confundan para no separarse.                    •

Para no separarse... ¡Ilusión bienhechora
de inmortal esperanza, cual las que el hombre inventa!
Mas ¿quién sabe si en tanto hacia su fin caminan,                    15
como el hombre, los astros con ser eternos sueñan?

\* \* \*

### 39

Una sombra tristísima, indefinible y vaga
como lo incierto, siempre ante mis ojos va

**38.** 10   N.E.: "Todo aquello que *ha sido* ha de vivir más tarde".

tras de otra vaga sombra que sin cesar la huye,
    corriendo sin cesar.
Ignoro su destino...; mas no sé por qué temo     5
    al ver su ansia mortal,
que ni han de parar nunca, ni encontrarse jamás.

\* \* \*

**40**

## LAS CANCIONES QUE OYÓ LA NIÑA

UNA

Tras de los limpios cristales
se agitaba la blanca cortina,
y adiviné que tu aliento
    perfumado la movía.

Sola estabas en tu alcoba,     5
y detrás de la tela blanquísima
te ocultabas, ¡cruel!, a mis ojos...;
    mas mis ojos te veían.

Con cerrojos cerraste la puerta,
pero yo penetré en tu aposento     10
a través de las gruesas paredes,
    cual penetran los espectros;
porque no hay para el alma cerrojos,
    ángel de mis pensamientos.

Codicioso admiré tu hermosura,     15
    y al sorprender los misterios
que a mis ojos velabas..., ¡perdóname!,
    te estreché contra mi seno.

---

3  El tema de las dos sombras que se persiguen tiene una larga elabora-
    ción en Rosalía. Aparece incluso en dos de sus obras en prosa. Véase
    *La poesía de Rosalía*, ed. citada, pp. 88-109.
40. 8  Es muy frecuente que Rosalía adopte un punto de vista masculino
    en poemas amorosos. Esta técnica perspectivística aparece ya en
    *Cantares Gallegos*.

Mas... me ahogaba el aroma purísimo
    que exhalabas de tu pecho,                    20
    y hube de soltar mi presa
    lleno de remordimiento.

    Te seguiré adonde vayas,
    aunque te vayas muy lejos,
    y en vano echarás cerrojos                    25
    para guardar tus secretos;
porque no impedirá que mi espíritu
    pueda llegar hasta ellos.

Pero... ya no me temas, bien mío,
    que aunque sorprenda tu sueño,                    30
    y aunque en tanto estés dormida
a tu lado me tienda en tu lecho,
    contemplaré tu semblante,
    mas no tocaré tu cuerpo,
pues lo impide el aroma purísimo                    35
    que se exhala de tu seno.
    Y como ahuyenta la aurora
    los vapores soñolientos
de la noche callada y sombría,
así ahuyenta mis malos deseos.                    40

OTRA

    Hoy uno y otro mañana,
rodando, rodando el mundo,
si cual te amé no amaste todavía,
al fin ha de llegar el amor tuyo.

    ¡Y yo no quiero que llegue...;                    45
ni que ames nunca, cual te amé, a ninguno;
antes que te abras de otro sol al rayo,
véate yo secar, fresco capullo!

* * *

45   M.: "Y yo no quiero que llegue!..."

**41**

## LA CANCIÓN QUE OYÓ EN SUEÑOS EL VIEJO

A la luz de esa aurora primaveral, tu pecho
vuelve a agitarse ansioso de glorias y de amor.
¡Loco...!, corre a esconderte en el asilo oscuro
donde ya no penetra la viva luz del sol.

Aquí tu sangre torna a circular activa,                     5
y tus pasiones tornan a rejuvenecer...;
huye hacia el antro en donde aguarda resignada
por la infalible muerte la implacable vejez.

Sonrisa en labio enjuto hiela y repele a un tiempo;
flores sobre un cadáver causan al alma espanto;      10
ni flores, ni sonrisas, ni sol de primavera
busques cuando tu vida llegó triste a su ocaso.

\* \* \*

**42**

I

Su ciega y loca fantasía corrió arrastrada por el vértigo,
tal como arrastra las arenas el huracán en el desierto.

Y cual halcón que cae herido en la laguna pestilente,
cayó en el cieno de la vida, rotas las alas para siempre.

Mas aun sin alas cree o sueña que cruza el aire, los      5
[espacios,
y aun entre el lodo se ve limpio, cual de la nieve el copo
[blanco.

II

No maldigáis del que, ya ebrio, corre a beber con nuevo
[afán;

su eterna sed es quien le lleva hacia la fuente abrasadora,
   cuanto más bebe, a beber más.

No murmuréis del que rendido ya bajo el peso de la   10
                                         [vida
   quiere vivir y aun quiere amar;
la sed del beodo es insaciable, y la del alma lo es aún más.

### III

   Cuando todos los velos se han descorrido
y ya no hay nada oculto para los ojos,
ni ninguna hermosura nos causa antojos,   15
ni recordar sabemos que hemos querido,
aún en lo más profundo del pecho helado,
como entre las cenizas la chispa ardiente,
con sus puras sonrisas de adolescente,
vive oculto el fantasma del bien soñado.   20

\* \* \*

### 43

   En el alma llevaba un pensamiento,
     una duda, un pesar,
tan grandes como el ancho firmamento
     tan hondos como el mar.

   De su alma en lo más árido y profundo,   5
fresca brotó de súbito una rosa,
como brota una fuente en el desierto,
o un lirio entre las grietas de una roca.

\* \* \*

### 44

   Cuando en las nubes hay tormenta
suele también haberla en su pecho;

mas nunca hay calma en él, aun cuando
la calma reine en tierra y cielo;
porque es entonces cuando torvos                    5
cual nunca riñen sus pensamientos.

* * *

**45**

Desbórdanse los ríos si engrosan su corriente
los múltiples arroyos que de los montes bajan;
y cuando de las penas el caudal abundoso
se aumenta con los males perennes y las ansias,
¿cómo contener, cómo, en el labio la queja?,      5
¿cómo no desbordarse la cólera en el alma?

* * *

**46**

Busca y anhela el sosiego...,
mas... ¿quién le sosegará?
Con lo que sueña despierto,
dormido vuelve a soñar;
que hoy, como ayer y mañana                         5
cual hoy en su eterno afán
de hallar el bien que ambiciona
—cuando sólo encuentra el mal—
siempre a soñar condenado,
nunca puede sosegar.                                10

* * *

**47**

¡Aturde la confusa gritería
que se levanta entre la turba inmensa!
Ya no saben qué quieren ni qué piden;
mas embriagados de soberbia, buscan
un ídolo o una víctima a quien hieran.              5

Brutales son sus iras,
y aun quizás más brutales sus amores;
no provoquéis al monstruo de cien brazos,
como la ciega tempestad terrible,
ya ardiente os ame o fríamente os odie.          10

\* \* \*

### 48

Cuando sopla el Norte duro
y arde en el hogar el fuego,
y ellos pasan por mi puerta
flacos, desnudos y hambrientos,
el frío hiela mi espíritu,                        5
como debe helar su cuerpo,
y mi corazón se queda
al verles ir sin consuelo,
cual ellos, opreso y triste,
desconsolado cual ellos.                         10

Era niño y ya perdiera
la costumbre de llorar;
la miseria seca el alma
y los ojos además;
era niño y parecía                               15
por sus hechos viejo ya.

Experiencia del mendigo,
era precoz como el mal,
implacable como el odio,
dura como la verdad.                             20

\* \* \*

### 49

De la vida entre el múltiple conjunto de los seres,
no, no busquéis la imagen de la eterna belleza,

18   H.: "eres precoz como el mal".

ni en el contento y harto seno de los placeres,
ni del dolor acerbo en la dura aspereza.

Ya es átomo impalpable o inmensidad que asombra,          5
aspiración celeste, revelación callada;
la comprende el espíritu y el labio no la nombra,
y en sus hondos abismos la mente se anonada.

* * *

**50**

I

Quisiera, hermosa mía,
a quien aún más que a Dios amo y venero,
ciego creer que este tu amor primero,
ser por mi dicha el último podría.
Mas...
—¡Qué! ¡Gran Dios, lo duda todavía!          5

—¡Oh!, virgen candorosa,
¿por qué no he de dudarlo al ver que muero
si aun viviendo también lo dudaría?

—Tu sospecha me ofende,
y tanto me lastima y me sorprende          10
oírla de tu labio,
que pienso llegaría
a matarme lo injusto del agravio.

—¡A matarla! ¡La hermosa criatura
que apenas cuenta quince primaveras...!          15
¡Nunca...! ¡Vive, mi santa, y no te mueras!

—Mi corazón de asombro y dolor llenas.

---

49. 5  Obsérvese de nuevo el uso del contraste para referirse a vivencias de tipo místico: aquí, la "eterna belleza".

—¡Ah!, siento más tus penas que mis penas.

—¿Por qué, pues, me hablas de morir?
                              —¡Dios mío!
¿Por qué ya del sepulcro el viento frío        20
lleva mi nave al ignorado puerto?

—¡No puede ser...! Mas oye: ¡vivo o muerto,
*tú solo y para siempre...*! Te lo juro.

—No hay por qué jurar; mas si tan bello
sueño al fin se cumpliera, sin enojos        25
cerrando en paz los fatigados ojos,
fuera a esperarte a mi sepulcro oscuro.
Pero... es tan inconstante y tan liviano
el flaco y débil corazón humano,
que lo pienso, alma mía, y te lo digo,        30
serás feliz más tarde o más temprano.

Y en tanto ella llorando protestaba,
y él sonriendo, irónico y sombrío,
en sus amantes brazos la estrechaba.

Cantaba un grillo en el vecino muro,        35
        y cual mudo testigo,
la luna, que en el cielo se elevaba,
        sobre ambos reflejaba
su fulgor siempre casto y siempre amigo.


                    II

    De polvo y fango nacidos,        40
fango y polvo nos tornamos:
¿por qué, pues, tanto luchamos
si hemos de caer vencidos?

    Cuando esto piensa humilde y temerosa,
        como tiembla la rosa        45

del viento al soplo airado,
tiembla y busca el rincón más ignorado
para morir en paz si no dichosa.

### III

Los astros son innúmeros, al cielo
    no se le encuentra fin,          50
y este pequeño mundo que habitamos,
y que parece un punto en el espacio,
    inmenso es para mí.


    Después... tantos y tantos,
cual las arenas del profundo mar,      55
seres que nacen a la vida, y seres
que sin parar su rápida carrera,
incierta siempre, vienen o se van.

Que se van o se mueren, esta duda
    es en verdad cruel;          60
pero ello es que nos vamos o nos dejan,
sin saber si después de separarnos
volveremos a hallarnos otra vez.

### IV

    Y como todo al cabo
tarde o temprano en este mundo pasa,    65
lo que al principio eterno parecía,
    dio término a la larga.

¿Le mataron acaso, o es que se ha muerto
de suyo aquello que quedará aún vivo?
Imposible es saberlo, como nadie    70
    sabe al quedar dormido,
en qué momento ha aprisionado el sueño
    sus despiertos sentidos.

### V

¡Que cuándo le ha olvidado!
¿Quién lo recuerda en la mudable vida,                    75
ni puede asegurar si es que la herida
del viejo amor con otro se ha curado?

¡Transcurrió el tiempo! —inevitable era
que transcurriese—, y otro amante vino
a hacerse cauteloso su camino                    80
por donde el muerto amante ya lo hiciera.

### VI

De pronto el corazón con ansia extrema,
mezclada a un tiempo de placer y espanto,
latió, mientras su labio murmuraba:
—¡No, los muertos no vuelven de sus antros...!

Él era y no era él, mas su recuerdo,                    85
        dormido en lo profundo
del alma, despertóse con violencia
        rencoroso y adusto.

—No soy yo, ¡pero soy! —murmuró el viento—,
        y vuelvo, amada mía,                    90
desde la eternidad para dejarte
ver otra vez mi incrédula sonrisa.

—¡Aún has de ser feliz! —te dije un tiempo,
cuando me hallaba al borde de la tumba—.
Aún has de amar—; y tú, con fiero enojo,                    95
        me respondiste: —¡Nunca!

—¡Ah!, ¿del mudable corazón has visto
        los recónditos pliegues?—
volví a decirte; y tú, llorando a mares,
repetiste: —Tú solo, y para siempre.                    100
Después, era una noche como aquéllas.

y un rayo de la luna, el mismo acaso
que a ti y a mí nos alumbró importuno,
          os alumbraba a entrambos.

Cantaba un grillo en el vecino muro,                    105
y todo era silencio en la campiña;
¿no te acuerdas, mujer? Yo vine entonces,
sombra, remordimiento o pesadilla.

Mas tú, engañada recordando al muerto,
pero también del vivo enamorada,                        110
te olvidaste del cielo y de la tierra
          y condenaste el alma.

          Una vez, una sola,
aterrada volviste de ti misma,
como para sentir mejor la muerte                        115
de la sima al caer vuelve la víctima.

Y aun entonces, ¡extraño cuanto horrible
          reflejo del pasado!,
el abrazo convulso de tu amante
te recordó, mujer, nuestros abrazos.                    120

—¡Aún has de ser feliz! —te dije un tiempo
          y me engañé; no puede
serlo quien lleva la traición por guía,
y a su sombra mortífera se duerme.

—¡Aún has de amar! —te repetí, y amaste,               125
          y protector asilo
diste, desventurada, a una serpiente
en aquel corazón que fuera mío.

---

112   El tema principal del poema (amor que desaparece con el paso del
      tiempo) se mezcla con el del amor pecaminoso. Ello se debe a la unión,
      tan habitual en Rosalía, de amor y pecado; es muy frecuente que la
      aparición de un tema arrastre el otro, como sucede en este caso en
      que entorpece el desarrollo de la idea principal, que iba por otros
      derroteros.

Emponzoñada estás, odios y penas
    te acosan y persiguen,                    130
y yo casi con lástima contemplo
tu pecado y tu mancha irredimibles.

¡Mas, vengativo, al cabo yo te amaba
ardientemente, yo te amo todavía!
    Vuelvo para dejarte                       135
ver otra vez mi incrédula sonrisa.

\* \* \*

**51**

I

En mi pequeño huerto
brilla la sonrosada margarita,
    tan fecunda y humilde,
    como agreste y sencilla.

Ella borda primores en el césped,            5
    y finge maravillas
entre el fresco verdor de las praderas
do proyectan sus sombras las encinas,
y a orillas de la fuente y del arroyo
que recorre en silencio las umbrías.          10

Y aun cuando el pie la huella, ella revive
y vuelve a levantarse siempre limpia,
a semejanza de las almas blancas
que en vano quiere ennegrecer la envidia.

II

Cuando llega diciembre y las lluvias abundan,     15
ellas con las acacias tornan a florecer,

---

134 P. adopta la lectura de la segunda edición "ardientemente, y te amo
todavía", pero creo que la de la primera edición es perfectamente
válida.

tan puras y tan frescas y tan llenas de aroma
como aquellas que un tiempo con fervor adoré.

¡Loca ilusión la mía es en verdad, bien loca
cuando mi propia mano honda tumba les dio!        20
Y ya no son aquellas en cuyas hojas pálidas
deposité mis besos..., ni yo la misma soy.

* * *

**52**

Todas las campanas con eco pausado
  doblaron a muerto:
las de la basílica, las de las iglesias,
  las de los conventos.
Desde el alba hasta entrada la noche        5
no cesó el funeral clamoreo.
  ¡Qué pompa! ¡Qué lujo!
  ¡Qué fausto! ¡Qué entierro!

Pero no hubo ni adioses ni lágrimas
ni suspiros en torno del féretro...        10
¡Grandes voces sí que hubo! Y cantáronle,
cuando le enterraron, un *réquiem* soberbio.

* * *

**53**

  Siente unas lástimas,
  ¡pero qué lástimas!
Y tan extrañas y hondas ternuras...,
  ¡pero qué extrañas!

---

12 Rosalía alude varias veces al carácter interesado de los clérigos,
a su falta de caridad y su inclinación hacia los ricos. Véase un ejemplo
de *Follas Novas:*

   E fixolle él as honras,
  mais tan só con xemidos e con bágoas;
  crego non houbo ó rededor que á probe
  o enterro de limosna lle cantara".
      (*Poesías*, 228)

Llora a mares por ellos,                         5
les viste la mortaja
y les hace las honras...
después de que los mata.

\* \* \*

## 54

De la noche en el vago silencio,
cuando duermen o sueñan las flores,
mientras ella despierta, combate
contra el fuego de ocultas pasiones,
y de su ángel guardián el auxilio              5
implora invocando piadosa su nombre.
El de ayer, el de hoy, el de siempre,
fiel amigo del mal, Mefistófeles,
en los hilos oculto del lino
finísimo y blanco cual copo de espuma,         10
en donde ella aún más blanca reclina
        la cabeza rubia,
así astuto y sagaz, al oído
de la hermosa en silencio murmura:

"Goza aquél de la vida, y se ríe              15
y peca sin miedo del hoy y el mañana,
mientras tú con ayunos y rezos
y negros terrores tus horas amargas.
    Si del hombre la vida en la tumba
        ¡oh, bella!, se acaba,                20
¡qué profundo y cruel desengaño,
        qué chanza pesada
        te juega la suerte,
        le espera a tu alma!"

\* \* \*

4   N.E.: "Contra el fuego de internas pasiones".
13  N.E.: "Su rubia cabeza".

**55**

A la sombra te sientas de las desnudas rocas,
y en el rincón te ocultas donde zumba el insecto,
y allí donde las aguas estancadas dormitan
y no hay hermanos seres que interrumpan tus sueños,
¡quién supiera en qué piensas, amor de mis amores,          5
cuando con leve paso y contenido aliento,
temblando a que percibas mi agitación extrema,
allí donde te escondes, ansiosa te sorprendo!

—¡Curiosidad maldita, frío aguijón que hieres
las femeninas almas, los varoniles pechos!:          10
tu fuerza impele al hombre a que busque la hondura
del desencanto amargo y a que remueva el cieno
donde se forman siempre los miasmas infectos.

—¿Qué has dicho de amargura y cieno y desencanto?
¡Ah!, No pronuncies frases, mi bien, que no comprendo;          15
dime sólo en qué piensas cuando de mí te apartas
y huyendo de los hombres vas buscando el silencio.

—Pienso en cosas tan tristes a veces y tan negras,
y en otras tan extrañas y tan hermosas pienso,
que... no lo sabrás nunca, porque lo que se ignora          20
no nos daña si es malo, ni perturba si es bueno.
Yo te lo digo, niña, a quien de veras amo;
encierra el alma humana tan profundos misterios,
que cuando a nuestros ojos un velo los oculta,
es temeraria empresa descorrer ese velo;          25
no pienses, pues, bien mío, no pienses en qué pienso.

—Pensaré noche y día, pues sin saberlo, muero.
Y cuenta que lo supo, y que la mató entonces
          la pena de saberlo.


* * *

Casa de Rosalía.
(Foto Novoa, Santiago).

Habitación donde murió Rosalía.
(Foto Novoa, Santiago).

## 56

Cuido una planta bella
que ama y busca la sombra,
como la busca un alma
huérfana, triste, enamorada y sola,
y allí donde jamás la luz del día     5
llega sino a través de las umbrosas
ramas de un mirto y los cristales turbios
de una ventana angosta,
ella vive tan fresca y perfumada,
y se torna más bella y más frondosa,     10
y languidece y se marchita y muere
cuando un rayo de sol besa sus hojas.

Para el pájaro el aire, para el musgo la roca,
los mares para el alga, mayo para las rosas;
que todo ser o planta va buscando     15
su natural atmósfera,
y sucumbe bien pronto si es que a ella
oculta mano sin piedad la roba.

Sólo el humano espíritu al rodar desquiciado
desde su órbita a mundos tristes y desolados,     20
ni sucumbe ni muere; que del dolor el mazo
fuerte, que abate el polvo y que quebranta el barro
mortal, romper no puede ni desatar los lazos
que con lo eterno le unen por misterioso arcano.

Por eso yo que anhelo que el refulgente astro     25
del día calor preste a mis miembros helados,
aún aliento y resisto sin luz y sin espacio,
como la planta bella que odia del sol el rayo.

1   H.: "Cuido que una planta bella".
3   H.: "como la busca el alma".
9-10  N.E.: "Mientras yo palidezco
           Ella se torna hermosa".

Ya que otra luz más viva que la del sol dorado
y otro calor más dulce en mi alma penetrando          30
me anima y me sustenta con su secreto halago
y da luz a mis ojos por el dolor cegados.

* * *

### 57

#### I

En los ecos del órgano o en el rumor del viento,
en el fulgor de un astro o en la gota de lluvia,
te adivinaba en todo y en todo te buscaba,
            sin encontrarte nunca.

Quizás después te ha hallado, te ha hallado y te ha          5
                                    [perdido
otra vez, de la vida en la batalla ruda,
ya que sigue buscándote y te adivina en todo,
            sin encontrarte nunca.

Pero sabe que existes y no eres vano sueño,
hermosura sin nombre, pero perfecta y única;          10
por eso vive triste, porque te busca siempre
            sin encontrarte nunca.

#### II

Yo no sé lo que busco eternamente
en la tierra, en el aire y en el cielo;
yo no sé lo que busco, pero es algo          15
que perdí no sé cuándo y que no encuentro,

29  N.E.: "Y es que, otra luz más viva, que la del sol dorado".
    En N.E. la segunda parte de este poema pertenecía a otra serie citada
    más arriba (véase poema 32), con el número V, y constaba de ocho
    versos solamente. En la primera edición se añadieron los dos versos
    finales (21 y 22). El único que presenta variantes es el 13:
                "No sé que ando buscando eternamente"

aun cuando sueñe que invisible habita
en todo cuanto toco y cuanto veo.

Felicidad, no he de volver a hallarte
en la tierra, en el aire ni en el cielo,                    20
¡aun cuando sé que existes
y no eres vano sueño!

\* \* \*

**58**

## SANTA ESCOLÁSTICA

### I

· Una tarde de abril, en que la tenue
llovizna triste humedecía en silencio
de las desiertas calles las baldosas,
mientras en los espacios resonaban
las campanas con lentas vibraciones,                       5
dime a marchar, huyendo de mi sombra.

Bochornoso calor que enerva y rinde,
si se cierne en la altura la tormenta,
tornara el aire irrespirable y denso.
Y el alma ansiosa y anhelante el pecho                     10
a impulsos del instinto iban buscando
puro aliento en la tierra y en el cielo.

Soplo mortal creyérase que había
dejado el mundo sin piedad desierto,
convirtiendo en sepulcro a Compostela.                     15
Que en la santa ciudad, grave y vetusta,

---

9   M.: "Tornará el aire irrespirable y denso".
Creo que se trata de una errata y que el tiempo verbal empleado por
Rosalía no fue el futuro de indicativo, sino el imperfecto de subjuntivo
con el sentido de "había tornado" muy frecuente en los escritores
gallegos al escribir en castellano.

no hay rumores que turben importunos
la paz ansiada en la apacible siesta.


## II


—¡Cementerio de vivos! —murmuraba
yo al cruzar por las plazas silenciosas                    20
que otros días de glorias nos recuerdan.
¿Es verdad que hubo aquí nombres famosos,
guerreros indomables, grandes almas?
¿Dónde hoy su raza varonil alienta?


La airosa puerta de Fonseca, muda,                         25
me mostró sus estatuas y relieves
primorosos, encanto del artista;
y del gran Hospital, la incomparable
obra del genio, ante mis tristes ojos
en el espacio dibujóse altiva.                             30


26-27  H.: me mostró sus estatuas y columnas
           primorosas.
  30   El itinerario que sigue Rosalía es —según Bouza Brey— el siguiente:
       "Debió tomar, al salir de su casa, por la puerta de Faxeiras, que tiene
       casi enfrente de ella; seguir por la calle del Franco, donde detuvo su
       imaginación (que iba pensando en los días de gloria de la ciudad
       silente), para admirar la portalada renacente del Colegio de Fonseca,
       mientras divisaba la fachada plateresca del Gran Hospital Real (...).
       Entró seguidamente en la plaza mayor, llamada popularmente del
       Hospital o del Obradoiro, pegada a los muros de la Catedral, que le
       pareció que con sus torres se desplomaba sobre su frente tormentosa;
       miró a su izquierda al Seminario de Confesores o palacio del Consis-
       torio, y clavó sus pupilas 'estremecidas', en la ecuestre escultura
       del Apóstol, que pintada de blanco lo corona. Miró de soslayo, como
       aterrada, la calle de San Francisco, 'camino de los frailes y los muertos',
       vacía y misteriosa en aquel tiempo, con manchas de luz y sombra,
       que la hacían tenebrosa, sin la Facultad de Medicina que hoy la
       alegra, cuyo solar ocupaban unas pequeñas casas y unos huertos con
       cipreses, y se deslizó bajo el arco románico del Palacio arzobispal,
       percibiendo, sensitiva, el fino rumor del agua subterránea (...).
       Atravesó la plaza de la Azabachería, limitada por la fachada Norte
       de la Catedral y por la principal del monasterio benedictino de San
       Martín, indiferente, y fue a meterse, insegura, por el oscuro tránsito
       que corre a lo largo de la pared del Naciente del mismo cenobio,
       abstraída, pensando en su vida insoportable, cuando vio abierto el
       templo". ("Adriano y Valentina...", pp. 388-389).

Después la catedral —palacio místico
de atrevidas románicas arcadas,
y con su Gloria de bellezas llena—
me pareció al mirarla que quería
sobre mi frente desplomar, ya en ruinas,                    35
de sus torres la mole gigantesca.

Volví entonces el rostro, estremecida,
hacia donde atrevida se destaca
del Cebedeo la celeste imagen,
como el alma del mártir, blanca y bella,                    40
y vencedora en su caballo airoso,
que galopando en triunfo rasga el aire.

Y bajo el arco oscuro, en donde eterno
del oculto torrente el rumor suena,
me deslicé cual corza fugitiva,                    45
siempre andando al azar, con aquel paso
errante del que busca en donde pueda
de sí arrojar el peso de la vida.

Atrás quedaba aquella calle adusta,
camino de los frailes y los muertos,                    50
siempre vacía y misteriosa siempre,
con sus manchas de sombra gigantescas
y sus claros de luz, que hacen más triste
la soledad, y que los ojos hieren.

Y en tanto... la llovizna, como todo                    55
lo manso, terca, sin cesar regaba
campos y plazas, calles y conventos
que iluminaba el sol con rayo oblicuo
a través de los húmedos vapores,
blanquecinos a veces, otras negros.                    60

## III

Ciudad extraña, hermosa y fea a un tiempo,
a un tiempo apetecida y detestada,
cual ser que nos atrae y nos desdeña:

algo hay en ti que apaga el entusiasmo,
y del mundo feliz de los ensueños                    65
a la aridez de la verdad nos lleva.
¡De la verdad! ¡Del asesino honrado
que impasible nos mata y nos entierra!
. . . . . . . . . . . . . . . . . . . . . . . . . . . . . . .

¡Y yo quería morir! La sin entrañas,
sin conmoverse, me mostrara el negro              70
y oculto abismo que a mis pies abrieran;
y helándome la sangre, fríamente,
de amor y de esperanza me dejara,
con sólo un golpe, para siempre huérfana.

"¡La gloria es humo! El cielo está tan alto        75
y tan bajos nosotros, que la tierra
que nos ha dado volverá a absorbernos.
¡Afanarse y luchar, cuando es el hombre
mortal ingrato y nula la victoria!
¿Por qué, aunque haya Dios, vence el infierno?"  80

Así del dolor víctima, el espíritu
se rebelaba contra cielo y tierra...
mientras mi pie inseguro caminaba;
cuando de par en par vi abierto el templo,
de fieles despoblado, y donde apenas             85
su resplandor las lámparas lanzaban.

### IV

Majestad de los templos, mi alma femenina
te siente, como siente las maternas dulzuras,
las inquietudes vagas, las ternuras secretas
y el temor a lo oculto tras de la inmensa altura.   90

---

80  H.: "¿por qué, ya que hay Dios, vence el infierno?"
84  Se refiere al templo de San Martín Pinario donde está la escultura de
    Santa Escolástica.

¡Oh, majestad sagrada! En nuestra húmeda tierra
más grande eres y augusta que en donde el sol ardiente
inquieta con sus rayos vivísimos las sombras
que al pie de los altares oran, velan o duermen.

Bajo las anchas bóvedas, mis pasos silenciosos          95
resonaron con eco armonioso y pausado,
cual resuena en la gruta la gota cristalina
que lenta se desprende sobre el verdoso charco.

Y aún más que los acentos del órgano y la música
sagrada, conmovióme aquel silencio místico             100
que llenaba el espacio de indefinidas notas,
tan sólo perceptibles al conturbado espíritu.

Del incienso y la cera el acusado aroma
que impregnaba la atmósfera que allí se respiraba,
no sé por qué, de pronto, despertó en mis sentidos      105
de tiempos más dichosos reminiscencias largas.

Y mi mirada inquieta, cual buscando refugio
para el alma, que sola luchaba entre tinieblas,
recorrió los altares, esperando que acaso
algún rayo celeste brillase al fin en ella.             110

Y... ¡no fue vano empeño ni ilusión engañosa!
Suave, tibia, pálida la luz rasgó la bruma
y penetró en el templo, cual entre la alegría
de súbito en el pecho que las penas anublan.

¡Ya yo no estaba sola! En armonioso grupo,              115
como visión soñada, se dibujó en el aire
de un ángel y una santa el contorno divino,
que en un nimbo envolvía vago el sol de la tarde.

---

117 Es un grupo escultórico que representa el Tránsito de Santa Esco-
    lástica, obra de José Mauro Ferreiro, que se encuentra en San Martín
    Pinario.

Aquel candor, aquellos delicados perfiles
de celestial belleza, y la inmortal sonrisa                    120
que hace entreabrir los labios del dulce mensajero
mientras contempla el rostro de la virgen dormida

En el sueño del éxtasis, y en cuya frente casta
se transparenta el fuego del amor puro y santo,
más ardiente y más hondo que todos los amores            125
que pudo abrigar nunca el corazón humano;

Aquel grupo que deja absorto el pensamiento,
que impresiona el espíritu y asombra la mirada,
me hirió calladamente, como hiere los ojos
cegados por la noche la blanca luz del alba.               130

Todo cuanto en mí había de pasión y ternura,
de entusiasmo ferviente y gloriosos empeños,
ante el sueño admirable que realizó el artista,
volviendo a tomar vida, resucitó en mi pecho.

Sentí otra vez el fuego que ilumina y que crea          135
los secretos anhelos, los amores sin nombre,
que como al arpa eólica el viento, al alma arranca
sus notas más vibrantes, sus más dulces canciones.

Y orando y bendiciendo al que es todo hermosura,
se dobló mi rodilla, mi frente se inclinó                   140
ante Él, y conturbada, exclamé de repente:
"¡Hay arte! ¡Hay poesía...! Debe haber cielo. ¡Hay Dios!"

\* \* \*

### 59

Dicen que no hablan las plantas, ni las fuentes, ni los
[pájaros,
ni el onda con sus rumores, ni con su brillo los astros:
lo dicen, pero no es cierto, pues siempre cuando yo paso
de mí murmuran y exclaman: —Ahí va la loca, soñando

con la eterna primavera de la vida y de los campos,        5
y ya bien pronto, bien pronto, tendrá los cabellos canos,
y ve temblando, aterida, que cubre la escarcha el prado.

—Hay canas en mi cabeza, hay en los prados escarcha;
mas yo prosigo soñando, pobre, incurable sonámbula,
con la eterna primavera de la vida que se apaga        10
y la perenne frescura de los campos y las almas,
aunque los unos se agostan y aunque las otras se abrasan.

Astros y fuentes y flores, no murmuréis de mis sueños;
sin ellos, ¿cómo admiraros, ni cómo vivir sin ellos?

* * *

### 60

Cada vez que recuerda tanto oprobio
—cada vez digo ¡y lo recuerda siempre!—,
            avergonzada su alma
quisiera en el no ser desvanecerse,
            como la blanca nube        5
en el espacio azul se desvanece.

Recuerdo...: lo que halaga hasta el delirio
o da dolor hasta causar la muerte...
            no, no es sólo recuerdo,
            sino que es juntamente        10
el pasado, el presente, el infinito,
lo que fue, lo que es y ha de ser siempre.

* * *

### 61

Recuerda el trinar del ave
y el chasquido de los besos,
los rumores de la selva

**61.** 1  En la segunda edición, este poema se unió al anterior como si juntos
formasen uno solo. La unión es arbitraria: son frecuentes, en Rosalía,
varios poemas seguidos sobre un mismo tema.

cuando en ella gime el viento,
y del mar las tempestades,                    5
y la bronca voz del trueno;
todo halla un eco en las cuerdas
del arpa que pulsa el genio.

　　Pero aquel sordo latido
del corazón que está enfermo           10
de muerte, y que de amor muere
y que resuena en el pecho
como un bordón que se rompe
dentro de un sepulcro hueco,
es tan triste y melancólico,            15
tan terrible y tan supremo,
que jamás el genio pudo
repetirlo con sus ecos.

* * *

## 62

Del mar azul las transparentes olas
　　mientras blandas murmuran
sobre la arena, hasta mis pies rodando,
tentadoras me besan y me buscan.

Inquietas lamen de mi planta el borde,      5
lánzanme airosas su nevada espuma,
y pienso que me llaman, que me atraen
　　hacia sus salas húmedas.

　　Mas cuando ansiosa quiero
seguirlas por la líquida llanura,           10
se hunde mi pie en la linfa transparente
　　y ellas de mí se burlan.

Y huyen abandonándome en la playa
a la terrena, inacabable lucha,
como en las tristes playas de la vida       15
me abandonó inconstante la fortuna.

* * *

### 63

Si medito en tu eterna grandeza,
    buen Dios, a quien nunca veo,
y levanto asombrada los ojos
    hacia el alto firmamento
que llenaste de mundos y mundos...,                5
    toda conturbada, pienso
que soy menos que un átomo leve
    perdido en el universo;
nada, en fin..., y que al cabo en la nada
    han de perderse mis restos.                    10

Mas si cuando el dolor y la duda
    me atormentan, corro al templo,
y a los pies de la Cruz un refugio
busco ansiosa implorando remedio,
de Jesús el cruento martirio                       15
    tanto conmueve mi pecho,
y adivino tan dulces promesas
    en sus dolores acerbos,
que cual niño que reposa
    en el regazo materno,                          20
    después de llorar, tranquila
    tras la expiación, espero
    que allá donde Dios habita
    he de proseguir viviendo.

\* \* \*

### 64

#### I

Los que a través de sus lágrimas,
sin esfuerzo ni violencia,
abren paso en el alma afligida
al nuevo placer que llega;

                    Los que tras de las fatigas                5
              de una existencia azarosa,
        al dar término al rudo combate
        cogen larga cosecha de gloria;

                    Y, en fin, todos los dichosos,
              cuyo reino es de este mundo,               10
        y dudando o creyendo en el otro
        de la tierra se llevan los frutos;

                    ¡Con qué tedio oyen el grito
        del que en vano ha querido y no pudo
        arrojar de sus hombros la carga             15
              pesada del infortunio!

              —Cada cual en silencio devore
                    sus penas y sus afanes
        —dicen—, que es de animosos y fuertes
        el callar, y es la queja cobarde.               20

                    No el lúgubre vaticinio
        que el espíritu turba y sorprende,
        ni el inútil y eterno lamento
        importuno en los aires resuene.

                    ¡Poeta!, en fáciles versos,          25
        y con estro que alienta los ánimos,
              ven a hablarnos de esperanzas,
              pero no de desengaños.

  8  N.E.: "Cogen harta cosecha de gloria".
  9  En N.E. entre los versos 8 y 9 se encuentra la siguiente estrofa:
                    "Y después de estrecheces y angustias,
                    De la abundancia en el seno,
                    Nadan y gozan y duermen,
                    Sin temer ni al demonio, ni al cielo".
17-28  En N.E. van entrecomillados.
  24  En N.E. entre los versos 24 y 25 va intercalada la estrofa siguiente:
                    "La mirada impasible y serena,
                    Siempre fija en el vasto horizonte,
                    Donde brillan con rayo propicio
                    Del porvenir los albores".
  26  N.E.: "Y con estro que aliente los ánimos".
  28  N.E.: "Pero no de funestos presagios".

## II

¡Atrás, pues, mi dolor vano con sus acerbos gemidos
que en la inmensidad se pierden, como los sordos        30
                    [bramidos
del mar en las soledades que el líquido amargo llena!
¡Atrás!, y que el denso velo de los inútiles lutos,
rasgándose, libre paso deje al triunfo de los Brutos,
que asesinados los Césares, ya ni dan premio ni pena...

Pordiosero vergonzante que en cada rincón desierto     35
tendiendo la enjuta mano detiene su paso incierto
para entonar la salmodia que nadie escucha ni entiende,
me pareces, dolor mío, de quien reniego en buen hora.
¡Huye, pues, del alma enferma! Y tú, nueva y blanca aurora,
toda de promesas harta, sobre mí tus rayos tiende.        40

## III

¡Pensamientos de alas negras!, huid, huid azorados,
como bandada de cuervos por la tormenta acosados,
o como abejas salvajes en quien el fuego hizo presa;
dejad que amanezca el día de resplandores benditos
en cuya luz se presienten los placeres infinitos...      45
¡y huid con vuestra perenne sombra que en el alma pesa!

¡Pensamientos de alas blancas!, ni gimamos ni roguemos
como un tiempo, y en los mundos luminosos penetremos

A continuación de este verso hay en N.E. dos estrofas más:
        "Así enojado prorrumpe
        Desde la dichosa altura,
        El que ahito y contento, los ayes
        Del desventurado escucha.
        Y de él, se aparta y reniega
        Porque a sus ojos no oculta
        En sucios harapos envuelto,
        La miseria que le abruma".
29  N.E.: "Atrás pues mi dolor vano con tus acerbos gemidos".
36  N.E.: "Tendiendo la mano enjuta detiene su paso incierto!!.
45  N.E.: "En cuya luz se adivinan los placeres infinitos".
47  N.E.: "Pensamientos de alas blancas ...divaguemos, divaguemos".

en donde nunca resuena la débil voz del caído,
en donde el dorado sueño para en realidad segura,          50
y de la humana flaqueza sobre la inmensa amargura
y sobre el amor que mata, sus alas tiende el olvido.

Ni el recuerdo que atormenta como horrible pesadilla,
ni la pobreza que abate, ni la miseria que humilla,
ni de la injusticia el látigo, que al herir mancha y condena,   55
ni la envidia y la calumnia más que el fuego asoladoras
existen para el que siente que se deslizan sus horas
del contento y la abundancia por la corriente serena.

Allí, donde nunca el llanto los párpados enrojece,
donde por dicha se ignora que la humanidad padece          60
y que hay seres que codician lo que harto el perro desdeña;
allí, buscando un asilo, mis pensamientos dichosos
a todo pesar ajenos, lejos de los tenebrosos
antros del dolor, cantemos a la esperanza risueña.

Frescas voces juveniles, armoniosos instrumentos,          65
¡venid!, que a vuestros acordes yo quiero unir mis acentos
vigorosos, y el espacio llenar de animadas notas,
y entre estatuas y entre flores, entrelazadas las manos,
danzar en honor de todos los venturosos humanos
del presente, del futuro y las edades remotas.          70

IV

Y mi voz, entre el concierto de las graves sinfonías,
de las risas lisonjeras y las locas alegrías,
se alzó robusta y sonora con la inspiración ardiente

49  N.E.: "En donde nunca resuena la triste voz del vencido".
51  N.E.: "Y de la humana flaqueza sobre la intensa amargura".
53  N.E.: "Ni el recuerdo que atormenta como negra pesadilla".
55  N.E.: "Ni de la injusticia el látigo, que hiriendo mancha y condena".
58  N.E.: "Del contento y la abundancia, en la atmósfera serena".
60  N.E.: "Donde por suerte se ignora, que la humanidad padece".
72  N.E.: "De las risas seductoras, y las locas alegrías".

que enciende en el alma altiva del entusiasmo la llama,
y hace creer al que espera y hace esperar al que ama          75
que hay un cielo en donde vive el amor eternamente.

Del labio amargado un día por lo acerbo de los males,
como de fuente abundosa fluyó la miel a raudales,
vertiéndose en copas de oro que mi mano orló de rosas,
y bajo de los espléndidos y ricos artesonados,          80
en los palacios inmensos y los salones dorados,
fui como flor en quien beben perfumes las mariposas.

Los aplausos resonaban con estruendo en torno mío,
como el vendaval resuena cuando se desborda el río
por la lóbrega encañada que adusto el pinar sombrea;          85
genio supremo y sublime del porvenir me aclamaron,
y trofeos y coronas a mis plantas arrojaron,
como a los pies del guerrero vencedor en la pelea.


V


Mas un día, de aquel bello y encantado paraíso
donde con tantas victorias la suerte brindarme quiso,          90
volví al mundo desolado de mis antiguos amores,
cual mendigo que a su albergue torna de riquezas lleno;
pero al verme los que ausente me lloraron, de su seno
me rechazaron cual suele rechazarse a los traidores.

Y con agudos silbidos y entre sonrisas burlonas,          95
renegaron de mi numen y pisaron mis coronas,

---

76   N.E.: "Que hay un cielo en donde dura el amor eternamente".
79   N.E.: "Vertiéndose en copas de oro, que orló mi mano de rosas".
86   N.E.: "Genio brillante y sublime, del porvenir me aclamaron".
92   N.E.: "Cual mendigo que a un albergue torna de riquezas lleno".
94   N.E.: "Rechazáronme, cual suele rechazarse a los traidores".
        Entre los versos 94 y 95 hay en N.E. los siguientes:
                "Las multitudes innúmeras, que se empujan y se aprietan
                En el fondo indefinido, donde apiñadas vegetan,
                ¡Pobres plantas que en la sima, aire y luz buscan en vano!
                Esas dijeron —"Ahí torna el que la soberbia halaga
                Del dichoso, y las pasiones, mientras que abierta la llaga
                Pestilente, mana sangre en el pecho de su hermano".
96   N.E.: "Renegaron de mi estro y pisaron mis coronas".

de sus iras envolviéndome en la furiosa tormenta;
y sombrío y cabizbajo como Caín el maldito,
el execrable anatema llevando en la frente escrito,
refugio busqué en la sombra para devorar mi afrenta.    100

### VI

No hay mancha que siempre dure, ni culpa que perdonada
deje de ser, si con llanto de contrición fue regada;
así, cuando de la mía se borró el rastro infamante,
como en el cielo se borra el de la estrella que pasa,
pasé yo entre los mortales como el pie sobre la brasa,    105
sin volver atrás los ojos mi mirar hacia adelante.

Y a mi corazón le dije: "Si no es vano tu ardimiento
y en ti el manantial rebosa del amor y el sentimiento,
fuentes en donde el poeta apaga su sed divina,
sé tú mi musa, y cantemos sin preguntarle a las gentes    110
si aman las alegres trovas o los suspiros dolientes,
si gustan del sol que nace o buscan al que declina".

* * *

### 65

Mientras el hielo las cubre
con sus hilos brillantes de plata,
todas las plantas están ateridas,
ateridas como mi alma.

Esos hielos para ellas                                    5
son promesa de flores tempranas,

---

101    N.E.: "No hay mancha que eterna dure, ni pena que redimida".
102    N.E.: "Deje de ser, si la lava, el llanto del fratricida".
103    N.E.: "Así cuando de mi culpa, se borró el rastro infamante".
106    N.E.: "Sin volver atrás los ojos, sin mirar hacia delante".
110-113 N.E.: "Sé tú mi musa, y cantemos sin preguntar a la gente
              Si ama las alegres trovas, o si la queja doliente,
              Si gusta del sol que nace o busca el sol que declina

son para mí silenciosos obreros
que están tejiéndome la mortaja.

\* \* \*

### 66

Pensaban que estaba ocioso
en sus prisiones estrechas,
y nunca estarlo ha podido
quien firme al pie de la brecha,
en guerra desesperada                    5
contra sí mismo pelea.

Pensaban que estaba solo,
y no lo estuvo jamás
el forjador de fantasmas,
que ve siempre en lo real                 10
lo falso, y en sus visiones
la imagen de la verdad.

\* \* \*

### 67

Brillaban en la altura cual moribundas chispas,
        las pálidas estrellas,
y abajo..., muy abajo, en la callada selva,
sentíanse en las hojas próximas a secarse,
        y en las marchitas hierbas,             5
algo como estallidos de arterias que se rompen
        y huesos que se quiebran.
¡Qué cosas tan extrañas finge una mente enferma!

        Tan honda era la noche,
        la oscuridad tan densa,                 10
        que ciega la pupila
        si se fijaba en ella,
creía ver brillando entre la espesa sombra
como en la inmensa altura las pálidas estrellas.
¡Qué cosas tan extrañas se ven en las tinieblas!   15

En su ilusión, creyóse por el vacío envuelto,
y en él queriendo hundirse
y girar con los astros por el celeste piélago,
fue a estrellarse en las rocas, que la noche ocultaba
bajo su manto espeso.                                    20

\* \* \*

### 68

Son los corazones de algunas criaturas
como los caminos muy transitados,
donde las pisadas de los que ahora llegan,
borran las pisadas de los que pasaron:
no será posible que dejéis en ellos,                     5
de vuestro cariño, recuerdo ni rastro.

\* \* \*

### 69

Al oír las canciones
que en otro tiempo oía,
del fondo en donde duermen mis pasiones
el sueño de la nada,
pienso que se alza irónica y sombría                     5
la imagen ya enterrada
de mis blancas y hermosas ilusiones,
para decirme: —¡Necia!, lo que es ido
¡no vuelve!; lo pasado se ha perdido
como en la noche va a perderse el día,                   10
ni hay para la vejez resurrecciones...

¡Por Dios, no me cantéis esas canciones
que en otro tiempo oía!

\* \* \*

12-13  M.: ¡Por Dios! no me cantéis esas canciones
                ¡Que en otro tiempo oía!

**70**

Vosotros que del cielo que forjasteis
vivís como Narciso enamorados,
no lograréis cambiar de la criatura
en su esencia, la misma eternamente,
    los instintos innatos. 5

No borraréis jamás del alma humana
el orgullo de raza, el amor patrio,
la vanidad del propio valimiento,
ni el orgullo del ser que se resiste
a perder de su ser un solo átomo. 10

\* \* \*

**71**

A LA LUNA

I

¡Con qué pura y serena transparencia
    brilla esta noche la luna!
A imagen de la cándida inocencia,
    no tiene mancha ninguna.

De su pálido rayo la luz pura 5
    como lluvia de oro cae
sobre las largas cintas de verdura
    que la brisa lleva y trae.

Y el mármol de las tumbas ilumina
    con melancólica lumbre, 10

**71.** 1 De este poema se conoce una primera versión aparecida en el *Almanaque de Galicia* en 1867, con numerosas variantes. Puede verse en el artículo de A. Machado da Rosa, "Subsidios para la cronología de la obra poética rosaliana", *Cuadernos de Estudios Gallegos*, fasc. XXXVI, año 1957, pp. 99-101.

y las corrientes de agua cristalina
    que bajan de la alta cumbre.

La lejana llanura, las praderas,
    el mar de espuma cubierto
donde nacen las ondas plañideras,       15
    el blanco arenal desierto,

La iglesia, el campanario, el viejo muro,
    la ría en su curso varia,
todo lo ves desde tu cénit puro,
    casta virgen solitaria.       20

## II

Todo lo ves, y todos los mortales,
    cuantos en el mundo habitan,
en busca del alivio de sus males,
    tu blanca luz solicitan.

Unos para consuelo de dolores,       25
    otros tras de ensueños de oro
que con vagos y tibios resplandores
    vierte tu rayo incoloro.

Y otros, en fin, para gustar contigo
    esas venturas robadas       30
que huyen del sol, acusador testigo,
    pero no de tus miradas.

## III

Y yo, celosa como me dio el cielo
    y mi destino inconstante,
correr quisiera un misterioso velo       35
    sobre tu casto semblante.

Y piensa mi exaltada fantasía
    que sólo yo te contemplo,
y como que es hermosa en demasía
    te doy mi patria por templo          40

Pues digo con orgullo que en la esfera
    jamás brilló luz alguna
que en su claro fulgor se pareciera
    a nuestra cándida luna.

Mas ¡qué delirio y qué ilusión tan vana          45
    esta que llena mi mente!
De altísimas regiones soberana
    nos miras indiferente.

Y sigues en silencio tu camino
    siempre impasible y serena,          50
dejándome sujeta a mi destino
    como el preso a su cadena.

Y a alumbrar vas un suelo más dichoso
    que nuestro encantado suelo,
aunque no más fecundo y más hermoso,          55
    pues no le hay bajo del cielo.

No hizo Dios cual mi patria otra tan bella
    en luz, perfume y frescura,
sólo que le dio en cambio mala estrella,
    dote de toda hermosura.          60

IV

Dígote, pues, adiós, tú, cuanto amada,
    indiferente y esquiva;
¿qué eres al fin, ¡oh, hermosa!, comparada
    al que es llama ardiente y viva?

---

37  H.: "y sueña mi exaltada fantasía".

Adiós..., adiós, y quiera la fortuna,                    65
        descolorida doncella,
que tierra tan feliz no halles ninguna
        como mi Galicia bella.

Y que al tornar viajera sin reposo
        de nuevo a nuestras regiones,                    70
en donde un tiempo el celta vigoroso
        te envió sus oraciones,

en vez de lutos como un tiempo, veas
        la abundancia en sus hogares,
y que en ciudades, villas y en aldeas               75
han vuelto los ausentes a sus lares.

\* \* \*

## 72

        "Yo en mi lecho de abrojos,
tú en tu lecho de rosas y de plumas;
verdad dijo el que dijo que un abismo
media entre mi miseria y tu fortuna.
        Mas yo no cambiaría                              5
        por tu lecho mi lecho,
pues rosas hay que manchan y empozoñan,
y abrojos que a través de su aspereza
        nos conducen al cielo."

\* \* \*

## 73

Con ese orgullo de la honrada y triste
miseria resignada a sus tormentos,
la virgen pobre su canción entona
en el mísero y lóbrego aposento,
y allí otra voz murmura al mismo tiempo:            5

        "Entre plumas y rosas descansemos,
        que hallo mejor anticipar los goces

73. 5-6  H.: y mientras ella suspira murmura a sus oídos
                otra voz: "No seas tonta
                entre plumas y rosas descansemos".

de la gloria en la tierra, y que impaciente
  por mí aguarde el infierno;
el infierno a quien vence el que ha pecado  10
  con su arrepentimiento.
¡Bien hayas tú, la que el placer apuras;
y tú, pobre y ascética, mal hayas!
La vida es breve, el porvenir oscuro,
cierta la muerte, y venturosa aquella  15
que en vez de sueños realidades ama."

 Ella, triste, de súbito suspira
interrumpiendo su cantar, y bañan,
  frías y silenciosas,
   su semblante las lágrimas.  20

 ¿Quién levantó tal tempestad de llanto
en aquella alma blanca y sin rencores
que aceptaba serena su desdicha,
con fe esperando en los celestes dones?
¡Quién! El perenne instigador oculto  25
de la insidiosa duda; el monstruo informe
que ya es la fiebre del carnal deseo,
ya el montón de oro que al brillar corrompe,
ya de amor puro la fingida imagen:
otra vez el de siempre..., ¡Mefistófeles!  30

 Que aunque hoy así no se le llame, acaso
proseguirá sin nombre la batalla,
porque mudan los nombres, mas las cosas
eternas, ni se mudan ni se cambian.

* * *

74

 Viéndome perseguido por la alondra
  que en su rápido vuelo
arrebatarme quiso en su piquillo

9 H.: "Por ti aguarde el infierno".

para dar alimento a sus polluelos
yo, diminuto insecto de alas de oro,                5
refugió hallé en el cáliz de una rosa,
y allí viví dichoso desde el alba
          hasta la nueva aurora.

Mas aunque era tan fresca y perfumada
la rosa, como yo no encontró abrigo              10
contra el viento, que alzándose en el bosque
arrastróla en revuelto torbellino.

Y rodamos los dos en fango envueltos
para ya nunca levantarse ella,
y yo para llorar eternamente                      15
mi amor primero y mi ilusión postrera.

* * *

## 75

De repente los ecos divinos
          que en el tiempo se apagaron,
desde lejos de nuevo llamáronle
          con el poderoso encanto
          que del fondo del sepulcro            5
          hizo levantar a Lázaro.

Agitóse al oírlos su alma
y volvió de su sueño letárgico
          a la vida, como vuelve
          a su patria el desterrado              10
que ve al fin los lugares queridos,
          mas no a los seres amados.

          Alma que has despertado,
          vuelve a quedar dormida;
          no es que aparece el alba,            15

2   H.: "Que en el templo se apagaron".

es que ya muere el día
y te envía en su rayo postrero
la postrimera caricia.

\* \* \*

**76**

Si al festín de los dioses llegas tarde,
ya del néctar celeste
que rebosó en las ánforas divinas
sólo, alma triste, encontrarás las heces.

Mas aun así de su amargor dulcísimo    5
conservarás tan íntimos recuerdos,
que bastarán a consolar tus penas
de la vida en el áspero desierto.

\* \* \*

**77**

*La palabra y la idea...* Hay un abismo
entre ambos cosas, orador sublime.
Si es que supiste amar, di: cuando amaste,
¿no es verdad, no es verdad que enmudeciste?
    Cuando has aborrecido, ¿no has guardado    5
silencioso la hiel de tus rencores
en lo más hondo y escondido y negro
que hallar puede en sí un hombre?

    Un beso, una mirada,
suavísimo lenguaje de los cielos;    10
un puñal afilado, un golpe aleve,
expresivo lenguaje del infierno.
    Mas la palabra en vano

**76.** 7 M.: "Que bastarán a consolar penas".
Parece más acertada la lectura de la segunda edición: "Que bastarán a consolar tus penas". Así sale un endecasílabo como en los demás versos del poema, alternando con un heptasílabo.

cuando el odio o el amor llenan la vida,
al convulsivo labio balbuciente                    15
    se agolpa y precipita.
¡Qué ha de decir! Desventurada y muda,
de tan hondos, tan íntimos secretos,
la lengua humana, torpe, no traduce
    el velado misterio.                            20
Palpita el corazón enfermo y triste,
languidece el espíritu, he aquí todo;
    después se rompe el frágil
vaso, y la esencia elévase a lo ignoto.

* * *

### 78

    "Los muertos van de prisa",
    el poeta lo ha dicho;
van tan de prisa, que sus sombras pálidas
se pierden del olvido en los abismos
con mayor rapidez que la centella          5
se pierde en los espacios infinitos.

    "Los muertos van de prisa"; mas yo creo
que aun mucho más de prisa van los vivos.
¡Los vivos!, que con ansia abrasadora,
    cuando apenas vivieron                  10
un instante de gloria, un solo día
de júbilo, y mucho antes de haber muerto,
unos a otros sin piedad se entierran
    para heredarse presto.

* * *

### 79

A sus plantas se agitan los hombres,
como el salvaje hormiguero

8  M.: "¡Que aún mucho más deprisa van los vivos!"

en cualquier rincón oculto
de un camino olvidado y desierto.
¡Cuál le irritan sus gritos de júbilo,                    5
        sus risas y sus acentos,
        gratos como la esperanza,
        como la dicha soberbios!

        Todos alegres se miran,
se tropiezan, y en revuelto                    10
torbellino van y vienen
a la luz de un sol espléndido,
del cual tiene que ocultarse,
roto, miserable, hambriento.

¡Ah!, si él fuera la nube plomiza                    15
        que lleva el rayo en su seno,
apagara la antorcha celeste
        con sus enlutados velos,
y llenara de sombras el mundo
        cual lo están sus pensamientos.                    20

* * *

## 80

Era en abril, y de la nieve al peso
aún se doblaron los morados lirios;
era en diciembre, y se agostó la hierba
al sol, como se agosta en el estío.
    En verano o en invierno, no lo dudes,                    5
        adulto, anciano o niño,
y hierba y flor, son víctimas eternas
de las amargas burlas del destino.
    Sucumbe el joven, y encorvado, enfermo,
sobrevive el anciano; muere el rico                    10

---

80. 10 M.: "Sobreviene el anciano".
    Ignoro por qué razones P y A se empeñan en mantener el texto, evi-
dentemente erróneo, de la primera edición.

que ama la vida, y el mendigo hambriento
que ama la muerte es como eterno vivo.

* * *

### 81

Prodigando sonrisas
que aplausos demandaban,
aparecíó en la escena, alta la frente,
soberbia la mirada,
y sin ver ni pensar más que en sí misma,          5
entre la turba aduladora y mansa
que la aclamaba sol del universo,
como noche de horror pudo aclamarla,
pasó a mi lado y arrollarme quiso
con su triunfal carroza de oro y nácar.          10
Yo me aparté, y fijando mis pupilas
en las suyas airadas:
—¡Es la inmodestia! —al conocerla dije,
y sin enojo la volví la espalda.
      Mas tú cree y espera, ¡alma dichosa!,          15
          que al cabo ese es el sino
feliz de los que elige el desengaño
para llevar la palma del martirio.

* * *

### 82

## LAS CAMPANAS

Yo las amo, yo las oigo
cual oigo el rumor del viento,
el murmurar de la fuente
o el balido del cordero.

---

14  El laísmo es influencia del castellano ya que no existe en lengua
gallega ni en el castellano hablado espontáneamente en Galicia.
Se mantiene en la segunda edición.

Como los pájaros, ellas,                                            5
tan pronto asoma en los cielos
el primer rayo del alba,
le saludan con sus ecos.

Y en sus notas, que van repitiéndose
por los llanos y los cerros,                                        10
hay algo de candoroso,
de apacible y de halagüeño.

Si por siempre enmudecieran,
¡qué tristeza en el aire y el cielo!,
¡qué silencio en las iglesias!,                                     15
¡qué extrañeza entre los muertos!

\* \* \*

## 83

En la altura los cuervos graznaban,
los deudos gemían en torno del muerto,
y las ondas airadas mezclaban
sus bramidos al triste concierto.

Algo había de irónico y rudo                                        5
en los ecos de tal sinfonía;
algo negro, fantástico y mudo
que del alma las cuerdas hería.

Bien pronto cesaron los fúnebres cantos,
esparcióse la turba curiosa,                                        10
acabaron gemidos y llantos
y dejaron al muerto en su fosa.

Tan sólo a lo lejos, rasgando la bruma,
del negro estandarte las orlas flotaron,
como flota en el aire la pluma                                      15
que al ave nocturna los vientos robaron.

\* \* \*

82. 9  H.: "Y en sus notas que van prolongándose".

**84**

Ansia que ardiente crece,
vertiginoso vuelo
tras de algo que nos llama
con murmurar incierto,
sorpresas celestiales,                    5
dichas que nos asombran:
así cuando buscamos lo escondido,
así comienzan del amor las horas.

Inaplacable angustia,
hondo dolor del alma,                    10
recuerdo que no muere,
deseo que no acaba,
vigilia de la noche,
torpe sueño del día,
es lo que queda del placer gustado,      15
es el fruto podrido de la vida

\* \* \*

**85**

Aunque mi cuerpo se hiela,
me imagino que me quemo;
y es que el hielo algunas veces
hace la impresión del fuego.

\* \* \*

**86**

A las rubias envidias
porque naciste con color moreno,

6    M.: "Dichos que nos asombran".
     Me parece una errata evidente que, como en 80.—v. 10, no debe
     mantenerse.
9    M.: "Inaplicable angustia".
     H.: "Inacabable angustia".
16   H.: "es el amargo fruto de la vida".
     Pertenece al tipo de correcciones "edulcorantes" que realiza Murguía
     en la segunda edición.

y te parecen ellas blancos ángeles
que han bajado del cielo.
    ¡Ah!, pues no olvides, niña,     5
y ten por cosa cierta,
que mucho más que un ángel siempre pudo
un demonio en la tierra.

* * *

### 87

    De este mundo en la comedia
eterna, vienen y van
bajo un mismo velo envueltas
la mentira y la verdad;
por eso al verlas el hombre     5
tras del mágico cendal
que vela la faz de entrambas,
nunca puede adivinar
con certeza cuál es de ellas
la mentira o la verdad.     10

* * *

### 88

Triste loco de atar el que ama menos
    le llama al que ama más;
y terco impenitente, al que no olvida
    el que puede olvidar.
Del rico el pobre en su interior maldice,     5
cual si él rico no fuera si pudiese,
y aquél siente hacia el pobre lo que el blanco
hacia las razas inferiores siente.

* * *

### 89

Justicia de los hombres, yo te busco,
pero sólo te encuentro

en la *palabra*, que tu nombre aplaude,
mientras te niega tenazmente el *hecho*.

—Y tú, ¿dónde resides —me pregunto          5
con aflicción—, justicia de los cielos,
cuando el pecado es obra de un instante
y durará la expiación terrible
          mientras dure el infierno?

\* \* \*

**90**

Sed de amores tenía, y dejaste
          que la apagase en tu boca,
          ¡piadosa samaritana!,
y te encontraste sin honra,
ignorando que hay labios que secan          5
          y que manchan cuanto tocan.

¡Lo ignorabas..., y ahora lo sabes!
Pero yo sé también, pecadora
          compasiva, porque a veces
          hay compasiones traidoras,          10
          que si el sediento volviese
a implorar misericordia,
          su sed de nuevo apagaras,
          samaritana piadosa.

          No volverá, te lo juro;          15
          desde que una fuente enlodan
con su pico esas aves de paso,
          se van a beber a otra.

\* \* \*

7   M.: "¡Lo ignorabas!... y ahora lo sabes".

**91**

Sintiéndose acabar con el estío
    la desahuciada enferma,
—¡Moriré en el otoño!
—pensó entre melancólica y contenta—,
y sentiré rodar sobre mi tumba          5
    las hojas también muertas.
    Mas... ni aun la muerte complacerla quiso,
    cruel también con ella;
perdonóle la vida en el invierno
y cuando todo renacía en la tierra      10
la mató lentamente, entre los himnos
alegres de la hermosa primavera.

\* \* \*

**92**

Una cuerda tirante guarda mi seno
que al menor viento lanza siempre un gemido;
mas no repite nunca más que un sonido
monótono, vibrante, profundo y lleno.

    Fue ayer y es hoy y siempre:          5
    al abrir mi ventana,
veo en Oriente amanecer la aurora,
después hundirse el sol en lontananza.

    Van tantos años de esto,              10
    que cuando a muerto tocan,
yo no sé si es pecado, pero digo:
—¡Qué dichoso es el muerto, o qué dichosa!

\* \* \*

92. 5  P considera que el verso 5 es el comienzo de un nuevo poema, pese
a que ni la primera ni la segunda edición señalan nada al respecto.
Por el sentido y la métrica podrían, sin embargo, separarse. Man-
tenemos la versión de la primera edición por cuestiones de criterio.

**93**

> ¡No! No ha nacido para amar, sin duda,
> ni tampoco ha nacido para odiar,
> ya que el amor y el odio han lastimado
> su corazón de una manera igual.
>
> Como la dura roca                                    5
> de algún arroyo solitario al pie,
> inmóvil y olvidado anhelaría
> ya vivir sin amar ni aborrecer.

* * *

**94**

> Al caer despeñado en la hondura
>          desde la alta cima,
> duras rocas quebraron sus huesos,
> hirieron sus carnes agudas espinas,
> y el torrente de lecho sombrío,                      5
>          rasgando sus linfas
> y entreabriendo los húmedos labios,
> vino a darle su beso de muerte
> cerrando en los suyos el paso a la vida.
>
> Despertáronle luego, y temblando                    10
>          de angustia y de miedo,

En la segunda edición figura una versión distinta de este poema;
dice así:

> Yo no he nacido para odiar, sin duda;
> ni tampoco he nacido para amar
> cuando el amor y el odio han lastimado
> mi corazón de una manera igual.
>          Como la peña oculta por el musgo
> de algún arroyo solitario al pie
> inmóvil y olvidada, yo quisiera
> ya vivir sin amar ni aborrecer.

**94.** 7-8   H.: y entreabriendo sus húmedos labios
> con negra sonrisa
> vino a darle un beso de muerte.

—¡Ah!, ¿por qué despertar? —preguntóse
            después de haber muerto.


            Al pie de su tumba
con violados y ardientes reflejos,                          15
            flotando en la niebla
vio dos ojos brillantes de fuego
que al mirarle ahuyentaban el frío
de la muerte templando su seno.


            Y del yermo sin fin de su espíritu              20
ya vuelto a la vida, rompiéndose el hielo,
sintió al cabo brotar en el alma
la flor de la dicha, que engendra el deseo.
            Dios no quiso que entrase infecunda
en la fértil región de los cielos;                          25
piedad tuvo del ánimo triste
que el germen guardaba de goces eternos.


                    * * *

                     **95**


Desde los cuatro puntos cardinales
            de nuestro buen planeta
—joven, pese a sus múltiples arrugas—,
            miles de inteligencias
                poderosas y activas                         5
para ensanchar los campos de la ciencia,
tan vastos ya que la razón se pierde
            en sus frondas inmensas,
acuden a la cita que el progreso
les da desde su templo de cien puertas.                     10


    Obreros incansables, yo os saludo,
llena de asombro y de respeto llena,
viendo como la Fe que guió un día


11   M.: "Obreros incansables, ¡yo os saludo!"

hacia el desierto al santo anacoreta,
hoy con la misma venda transparente                    15
hasta el umbral de lo imposible os lleva.
    ¡Esperad y creed!, *crea* el que cree,
y ama con doble ardor aquel que espera.

    Pero yo en el rincón más escondido
y también más hermoso de la tierra,                    20
        sin esperar a Ulises,
que el nuestro ha naufragado en la tormenta,
        semejante a Penélope
tejo y destejo sin cesar mi tela,
pensando que ésta es del destino humano                25
        la incansable tarea,
y que ahora subiendo, ahora bajando,
unas veces con luz y otras ciegas,
cumplimos nuestros días y llegamos
más tarde o más temprano a la ribera.                  30

* * *

**96**

    Aún otra amarga gota en el mar sin orillas
donde lo grande pasa de prisa y lo pequeño
desaparece o se hunde, como piedra arrojada
de las aguas profundas al estancado légamo.

    Vicio, pasión, o acaso enfermedad del alma,       5
débil a caer vuelve siempre en la tentación.
Y escribe como escriben las olas en la arena,
el viento en la laguna y en la neblina el sol.

    Mas nunca nos asombra que trine o cante el ave,
ni que eterna repita sus murmullos el agua;           10
canta, pues, ¡oh poeta!, canta, que no eres menos
que el ave y el arroyo que armonioso se arrastra.

* * *

12  H.: "que el ave y el arroyo que en ondas se desata".

## 97

En incesante encarnizada lucha,
   en pugilato eterno,
unos tras otros al palenque vienen
para luchar, seguidos del estruendo
de los aplausos prodigados siempre     5
de un modo igual a todos. Todos genios
sublimes e inmortales se proclaman
   sin rubor; mas bien presto
al ruido de la efímera victoria
   se sucede el silencio     10
sepulcral del olvido, y juntos todos,
los grandes, los medianos, los pequeños,
cual en tumba común, perdidos quedan
sin que nadie se acuerde que existieron.

\* \* \*

## 98

Glorias hay que deslumbran, cual deslumbra
el vivo resplandor de los relámpagos,
y que como él se apagan en la sombra,
sin dejar de su luz huella ni rastro.

Yo prefiero a ese brillo de un instante,     5
la triste soledad donde batallo,
y donde nunca a perturbar mi espíritu
llega el vano rumor de los aplausos.

\* \* \*

## 99

¡Oh gloria!, deidad vana cual todas las deidades
que en el orgullo humano tienen altar y asiento,

---

8  H.: "sin rubor; mas bien presto".
5  H.: "Yo prefiero de ese brillo de un instante".

jamás te rendí culto, jamás mi frente altiva
se inclinó de tu trono ante el dosel soberbio.

En el dintel oscuro de mi pobre morada          5
no espero que detengas el breve alado pie;
porque jamás mi alma te persiguió en sus sueños,
ni de tu amor voluble quiso gustar la miel.

¡Cuántos te han alcanzado que no te merecían,
y cuántos cuyo nombre debiste hacer eterno,          10
en brazos del olvido más triste y más profundo
perdidos para siempre duermen el postrer sueño!

* * *

## 100

### I

Tu para mí, yo para ti, bien mío
—murmurabais los dos—.
"Es el amor la esencia de la vida,
no hay vida sin amor."

¡Qué tiempo aquel de alegres armonías!...          5
¡Qué albos rayos de sol!...
¡Qué tibias noches de susurros llenas,
qué horas de bendición!

¡Qué aroma, qué perfume, qué belleza
en cuanto Dios crió,          10
y cómo entre sonrisas murmurabais:
"No hay vida sin amor"!

### II

Después, cual lampo fugitivo y leve,
como soplo veloz,

---

1 A partir del poema que lleva el número 100, todos pertenecen a la
segunda edición.

pasó el amor... la esencia de la vida...;    15
    mas... aún vivís los dos.


"Tú de otro, y de otra yo", dijisteis luego.
    ¡Oh mundo engañador!
Ya no hubo noches de serena calma,
    brilló enturbiado el sol...    20


¿Y aún, vieja encina, resististe? ¿Aún late,
    mujer, tu corazón?
No es tiempo ya de delirar; no torna
    lo que por siempre huyó.


No sueñes, ¡ay!, pues que llegó el invierno    25
    frío y desolador.
Huella la nieve, valerosa, y cante
    enérgica tu voz.
¡Amor, llama inmortal, rey de la Tierra,
    ya para siempre ¡adiós!    30


\* \* \*

## 101

### I

Tiemblan las hojas, y mi alma tiembla...,
    pasó el verano...;
y para el pobre corazón mío,
unos tras otros, ¡pasaron tantos!...


Cuando en las noches tristes y largas    5
    que están llegando
brille la luna, ¡cuántos sepulcros
que antes no ha visto verá a su paso!


Cuando entre nubes hasta mi lecho
    llegue su rayo,    10
¡cuán tristemente los yermos fríos
de mi alma sola, no irá alumbrando!

## II

¡Pobre alma sola!, no te entristezcas
deja que pasen, deja que lleguen
la primavera y el triste otoño                          15
ora el estío y ora las nieves;

que no tan solo para ti corren
    horas y meses:
todo contigo, seres y mundos,
de prisa marchan, todo envejece;                        20

que hoy, mañana, antes y ahora,
    lo mismo siempre,
hombres y frutos, plantas y flores,
vienen y vanse, nacen y mueren.

Cuando te apene lo que atrás dejas,                     25
    recuerda siempre
que es más dichoso quien de la vida
mayor espacio corrido tiene.

\* \* \*

## 102

No va solo el que llora,
no os sequéis, ¡por piedad!, lágrimas mías;
    basta un pesar del alma;
jamás, jamás le bastará una dicha.

Juguete del Destino, arista humilde.                    5
    rodé triste y perdida;
pero conmigo lo llevaba todo:
llevaba mi dolor por compañía.

\* \* \*

## 103

"¡La copa es de oro fino,
el néctar que contiene es de los cielos!",
        dijo, y bebió con ansia
hasta el último sorbo de veneno.

¡Era tarde! Después ardió su sangre                    5
        emponzoñada; y muerto,
aún rojiza brillaba en su sepulcro
la llama inextinguible del deseo.

\* \* \*

## 104

¡Ea!, ¡aprisa subamos de la vida
la cada vez más empinada cuesta!
Empújame, dolor, y hálleme luego
en su cima fantástica y desierta.

        No, ni amante ni amigo                    5
        allí podrá seguirme;
¡avancemos!... ¡Yo ansío de la muerte
        la soledad terrible!

Mas ¿para qué subir? Fatiga inútil
¡cuando es la vida fatigosa llama,                    10
y podemos, ¡poder desventurado!,
con un soplo levísimo apagarla!

Ruge a mis pies el mar, ¡soberbia tumba!
La onda encrespada estréllase imponente
contra la roca y triste muere el día                    15
como en el hombre la esperanza muere.

¡Morir! Esto es lo cierto,
y todo lo demás mentira y humo...
        Y del abismo inmenso,
un cuerpo sepultóse en lo profundo.                    20

Lo que encontró después posible y cierto
el suicida infeliz, ¿quién lo adivina?
    ¡Dichoso aquel que espera
tras de esta vida hallarse en mejor vida!

\* \* \*

## 105

Cayendo van los bravos combatientes
y más se aclaran cada vez las filas.
    No lloréis, sin embargo;
en el vacío que los muertos dejan,
otros vendrán a proseguir la liza.        5

¡Vendrán!... Mas presto del vampiro odioso
    destruid las guaridas,
si no queréis que los guerreros vuelvan
tristes y oscuros a morir sin gloria
antes de ver la patria redimida.        10

\* \* \*

## 106

Viendo que, semejantes a las flores
que el huracán en su furor deshace,
    estos, después de aquellos,
llenos de vida y de esperanza caen
al entrar en la lid donde con gloria        5
    por la patria combaten;

tal como el pobre abuelo que contempla
del nietezuelo amado los despojos,
exclamó, alzando la mirada al cielo,
de angustia lleno y doloroso asombro:        10
—¡Pero es verdad, Dios mío, que ellos mueren
    y quedamos nosotros!

En la *Corona fúnebre*
de *Andrés Muruais*, 1883.

\* \* \*

## 107

Más rapidos que el rayo,
    más alados que el viento,
inquietos vagabundos que no pueden
refrenar nunca el inconstante vuelo,
así descienden de la mar al fondo                    5
como escalan la altura de los cielos.

Mas si son impalpables e incorpóreos
    y múltiples y varios,
¿por qué llamarlos pensamientos negros,
    o pensamientos blancos,                    10
si no tienen color, esos del alma
eternos e invisibles soberanos?

* * *

## 108

Hora tras hora, día tras día,
entre el cielo y la tierra que quedan
    eternos vigías,
como torrente que se despeña
    pasa la vida.                    5

Devolvedle a la flor su perfume
    después de marchita;
de las ondas que besan la playa
y que una tras otra besándola expiran
recoged los rumores, las quejas,                    10
y en planchas de bronce grabad su armonía.

Tiempos que fueron, llantos y risas,
negros tormentos, dulces mentiras,
¡ay!, ¿en dónde su rastro dejaron,
en dónde, alma mía?                    15

* * *

**109**

Tan solo dudas y terrores siento,
divino Cristo, si de Ti me aparto;
mas cuando hacia la Cruz vuelvo los ojos,
me resigno a seguir con mi calvario.
Y alzando al cielo la mirada ansiosa      5
busco a tu Padre en el espacio inmenso,
como el piloto en la tormenta busca
la luz del faro que le guíe al puerto.

---

1 Parece clarísimo que la posición final que los editores dieron a este poema tenía la intención de paliar el efecto de irreligiosidad que pudiera desprenderse de la desolada visión del mundo de Rosalía.

# ÍNDICE DE TÍTULOS Y PRIMEROS VERSOS

## ÍNDICE DE LÁMINAS

ESTE LIBRO
SE TERMINÓ DE IMPRIMIR
EL DÍA 3 DE SEPTIEMBRE DE 1990

clásicos Castalia

## ÚLTIMOS TÍTULOS PUBLICADOS